CICERO

LÆLIUS

DE AMICITIA

DIALOGUS

HACHETTE ET Cie

LÆLIUS

DE AMICITIA

DIALOGUS

A LA MÊME LIBRAIRIE

Cicéron : *Dialogue sur l'amitié*, expliqué d'après une méthode nouvelle par deux traductions françaises, l'une littérale et *juxtalinéaire* présentant le mot à mot français en regard des mots latins correspondants, l'autre correcte et précédée du texte latin avec un argument et des notes, par M. Legouëz, professeur au lycée Condorcet. 1 vol. in-16, broché . . . . 1 fr. 25

Le même dialogue, traduction française de M. Legouëz avec le texte en regard. 1 vol. in-16, broché . . . 0 fr. 80

17765. — Imprimerie A. Lahure, rue de Fleurus, 9 à Paris.

CICERO

LÆLIUS

DE AMICITIA

DIALOGUS

TEXTE LATIN

PUBLIÉ AVEC UNE NOTICE, UN ARGUMENT ANALYTIQUE
ET DES NOTES EN FRANÇAIS

PAR E. CHARLES

Ancien professeur de philosophie au lycée Louis-le-Grand, docteur ès lettres
Recteur de l'Académie de Lyon.

NOUVELLE ÉDITION

PARIS

LIBRAIRIE HACHETTE ET Cie

79, BOULEVARD SAINT-GERMAIN, 79

1888

NOTICE

SUR LE DIALOGUE DE L'AMITIÉ.

———

Ce dialogue fut composé dans le courant de l'année 44 avant J.-C. En effet, il y est parlé (I, 4) du *Cato major*, qui date certainement de cette année, et d'autre part on sait par une mention du *De officiis*, que le *Lélius* était achevé avant ce traité, auquel Cicéron travaillait encore au mois de novembre 44 (*Lettres à Atticus*, xvi, 11). C'est donc un des derniers ouvrages de Cicéron, alors âgé de soixante-trois ans, un des fruits de son retour tardif à des études où il cherchait, au milieu des plus graves événements, à se consoler des malheurs de sa patrie et des mécomptes de sa vie politique qui allait se terminer tragiquement. Il le dédia, comme le précédent, à son ami Atticus qui, plus âgé que lui, devait lui survivre; et lui donna pour titre le nom du principal personnage, Lélius, qui est censé s'entretenir avec ses gendres, peu de jours après la mort de son ami, le second Africain (129 av. J.-C.). Le nom de dialogue convient d'ailleurs à peine à cette dissertation : les interlocuteurs n'y figurent que pour la forme, et les quelques mots qu'ils prononcent sont insignifiants. Cicéron a voulu sans doute, en reportant la scène à un temps éloigné, échapper au péril des allusions à des faits récents et se

replacer par la pensée à une époque moins troublée, où
la république n'avait pas encore subi de graves atteintes,
mais où l'on pouvait déjà prévoir des dangers prochains.
Il y trouvait un cadre favorable pour rappeler, en les
mettant dans la bouche d'un homme respecté, les principes qui lui étaient chers et pour donner à ses contem-
porains des leçons de politique et de patriotisme mêlées
à des conseils sur l'amitié.

Cet opuscule est en effet plutôt une exhortation qu'un
traité philosophique. Cicéron, qui n'a pas d'ordinaire de
grands scrupules de méthode, s'en est pour cette fois
complétement affranchi. Une conversation familière n'a
pas plus de liberté dans ses allures, ni moins de digres-
sions ou de redites. Le fond même du sujet est brièvi-
ment indiqué; les questions à peine posées semblent
aussitôt oubliées; elles reparaissent pourtant pour s'éva-
nouir de nouveau avant d'avoir été traitées avec quelque
suite. Elles sont comme des hors-d'œuvre dans le discours, où elles s'introduisent, non sans confusion, et
où elles sont resserrées entre des parenthèses historiques
ou des lieux communs de morale oratoire. En laissant de
côté les parties accessoires, qui sont peut-être les plus
intéressantes, on y trouve un très-petit nombre d'idées
qui appartiennent à la théorie de l'amitié.

L'amitié, telle que Cicéron la définit, consiste au
moins autant dans l'accord des esprits que dans l'union
des sentiments : elle suppose, dit-il, les mêmes opinions
sur toutes les choses divines et humaines, et de plus la
bienveillance et l'affection. Elle identifie, pour ainsi dire,
deux âmes qui n'ont plus alors rien qui leur soit propre,
ni biens, ni volontés, ni pensées [1]. Ce qui les rapproche,

---

1. Cicéron dit d'abord *consensio*, ch. VI, 20; mais plus tard il écrit :
« omnium rerum, consiliorum, voluntatum *communitas* », XVII, 61.

c'est qu'elles sont mutuellement attirées par quelque lueur de vertu que chacune d'elles aperçoit et laisse entrevoir du même coup. Aussi la véritable amitié, celle qui est comme un idéal réservé aux plus grandes âmes, et sans doute aussi aux plus hautes classes, ne peut exister qu'entre des personnes également vertueuses. La vertu est le lien des âmes. Il ne faut pas demander à Cicéron d'approfondir un peu cette belle doctrine, que le bien seul est l'objet de l'amour; il ne paraît l'entendre que dans un sens assez étroit, et n'en donne aucune preuve. Il ne se demande pas non plus si la ressemblance du caractère, et la communauté des idées et des croyances est une condition essentielle des amitiés; encore moins essaie-t-il de tirer parti de ce beau mot de bienveillance, *benevolentia*, qui lui livrerait le caractère fondamental et irréductible de l'amitié : vouloir le bien d'autrui et s'en réjouir; il préfère tracer un tableau brillant des bienfaits de l'amitié, trouvant plus facile de la louer que de la définir. C'est le premier des biens, si l'on ne compte pas la sagesse et la vertu, qui du reste ne vont pas plus sans elle qu'elle ne peut se passer de leur alliance. Encore tous les autres biens ne servent-ils qu'à une seule fin, l'amitié est bonne à tout; ils sont périssables, elle est éternelle. Elle redouble nos joies, diminue de moitié nos tristesses, nous délivre du fardeau de nos pensées qui s'épanchent; elle fortifie les faibles; elle fait vivre les morts; elle entretient la concorde dans les villes, et, comme le dit Empédocle, sans elle l'univers se dissiperait en poussière. Que ces avantages, énumérés avec éloquence et avec cette chaleur de cœur qui est le grand attrait du talent de Cicéron, soient attachés à l'amitié proprement dite, aux affections de famille, au patriotisme, à la concorde entre les citoyens, ou même à des

forces physiques, comme le principe d'Empédocle, Cicéron ne s'en préoccupe pas. Il prend, sans s'expliquer, le
mot *amicitia* dans les sens les plus divers : tantôt il lui
donne l'acception si vaste de la φιλία des Grecs, qui comprend toutes les formes de l'amour ; tantôt il le restreint
à ne plus désigner qu'une sorte d'association politique.
Cette dernière intention est dominante ; mais elle ne suffit
pas à donner quelque unité à un sujet mal déterminé, et
il n'est pas exact de dire que Cicéron n'a voulu parler que
pour des hommes d'État. Sa pensée n'est pas fixée, et
comme elle ne sort pas de son propre fonds et qu'elle est
empruntée à des lectures un peu superficielles, elle se
laisse souvent égarer au hasard des analogies. Elle fait
parfois d'heureuses rencontres. C'est ainsi qu'après avoir
borné l'amitié à confondre deux âmes en une seule, et
après en avoir fait une sorte de sentiment aristocratique,
réservé à ceux-là seuls qu'il appelle les *honnêtes gens*, il
reconnaît un peu à la hâte et comme en passant que la
bonté ne s'épuise pas dans ces effusions, qu'il en reste encore pour la foule, *eadem bonitas etiam ad multitudinem
pertinet*, et que la vertu n'a pas de répugnance à aimer
le commun des hommes, *non a caritate vulgi abhorret*.
Ce sont là les inspirations de l'école stoïcienne, et Cicéron,
qui met une puérile affectation à se moquer hors de propos de quelques paradoxes de cette école, lui doit ici,
comme dans le *De officiis*, le meilleur de sa doctrine.

La partie la plus solide de cette dissertation, c'est la
réfutation de la doctrine utilitaire de l'amitié. Suivant les
moralistes des écoles d'Abdère et de Cyrène, et suivant
les épicuriens, l'amitié a pour origine le sentiment de
notre faiblesse et le calcul de nos intérêts : elle est une
sorte de commerce où chacun des associés trouve son
bénéfice. Cette opinion est odieuse à Cicéron, comme

toutes celles des épicuriens, contre lesquels il n'a cessé de plaider avec la passion d'un orateur chargé d'accuser. Chaque fois qu'elle se trouve sur son passage, et il lui suffit d'un mot pour l'y mettre, il s'irrite, il s'arrête et oublie tout le reste pour la confondre. C'est, dit-il, une doctrine honteuse pour l'humanité, et qui ne peut être soutenue que par des gens qui rapportent tout au plaisir, *ritu pecudum*. Si elle était vraie, les infirmes seuls éprouveraient le besoin d'avoir des amis, et les hommes puissants par leurs facultés ou leur position n'auraient aucune raison pour sortir de leur isolement. L'amitié d'ailleurs peut garantir à ceux qu'elle unit un seul avantage, celui d'être aimés : tout le reste dépend du hasard. Il y a plus : c'est elle qui fait le prix de ces biens qu'on lui assigne comme fin : qui voudrait en effet de la fortune, des honneurs, du luxe, s'il devait les acheter au prix de l'isolement? Les dieux eux-mêmes ne pourraient rendre heureuse une vie solitaire : et quand ils élèveraient jusqu'à eux quelque mortel favorisé et lui permettraient de contempler du haut du ciel l'ordre de l'univers et ses merveilles, un tel spectacle serait pour lui sans joie, s'il devait être seul à l'admirer. Toutes les opinions qui font trafic de nos cœurs et expliquent l'amitié par ses profits sont humiliantes et fausses. Cicéron en compte trois, qui paraissent proches parentes, et qui, sans doute, lui sont signalées par Théophraste. La première prétend qu'il faut avoir pour son ami les sentiments qu'on a pour soi-même; elle nous fait alors un devoir de l'égoïsme et nous interdit de rien entreprendre ou de rien désirer de plus pour lui que pour nous-mêmes. La deuxième propose cette règle : rendre ce qu'on a reçu, et attendre l'équivalent de ce qu'on donne; maxime bonne pour un négociant, et qui ravale l'amitié au calcul des recettes et

des dépenses. Enfin la troisième prescrit de traiter son
ami suivant l'estime qu'il fait de lui-même, c'est-à-dire,
sans doute, de le mépriser s'il est modeste, de le laisser
s'affaisser s'il perd courage, et de ne jamais avoir pour
lui plus d'ambition qu'il n'en a. Tous ces principes sont
entachés du même vice : ils sont les formes à peine diffé-
rentes d'une même morale qui réduit tous nos motifs
d'action au plaisir, tous nos sentiments à l'intérêt. C'est
elle encore qui recommande les amitiés modérées, c'est-
à-dire celles qui n'entraînent jamais le dévouement ni le
sacrifice, sous prétexte qu'ils pourraient troubler cet
heureux état d'indifférence, *securitas*, auquel le sage
aspire ; elle nous détourne de l'amitié comme de la vertu,
parce que l'une et l'autre ne vont pas sans quelque souffrance. Et Cicéron ne se borne pas à réfuter ces so-
phismes : il explique pour son compte, et d'après ses
maîtres, la véritable origine de l'amitié : il y a dans notre
cœur une puissance innée d'aimer, antérieure à toute réflexion ; c'est elle qui se répand sur tous nos semblables,
embrasse dans ses plus larges effusions le genre humain,
se fortifie en se resserrant dans l'enceinte des villes, dans
celle du foyer domestique, et se condense enfin à son plus
haut degré d'énergie dans le cercle plus étroit de l'amitié.
Elle ne se prodigue pas alors au hasard : il y a une liaison naturelle et comme une parenté entre tous les hommes
de bien. Eux seuls peuvent s'entendre dans un amour
commun pour la vertu, et joindre à l'affection un autre
sentiment sans lequel elle n'a plus de valeur : le respect.
Est-ce à dire que l'amitié n'ait pas des effets avantageux
pour notre plaisir et pour nos intérêts? non ; mais ces
avantages sont un résultat et non pas un motif ; ils sont
d'autant plus assurés qu'on y compte moins. A la rigueur
les faux semblants d'amitié, la bassesse, l'hypocrisie,

peuvent nous les procurer. Mais rien ne peut remplacer
l'affection. Elle n'est en définitive que le mouvement in-
stinctif qui porte tout être à s'aimer soi-même : nous
aimons nos amis, comme nous nous aimons nous-mêmes,
parce que telle est notre nature. Nous détournons sur
eux cet amour de nous-mêmes qui nous est inné, et ce
n'est pas d'une manière figurée que nous les appelons
d'autres nous-mêmes.

Cette discussion, qui fait honneur à Cicéron, est soutenue par des préceptes d'une utilité pratique et qu'il
faut lire dans le texte. On y verra le portrait de l'ami
véritable, inébranlable dans ses attachements, fidèle dans
le malheur, quand il frappe à côté de lui, et même dans
la bonne fortune, quand elle lui accorde ses faveurs;
assez franc pour reprendre, assez doux pour ne jamais
offenser; sachant, suivant les cas, protéger sans humilier
ou recevoir des bienfaits sans se croire abaissé. Puis des
conseils sur le choix des amis, sur l'art difficile des ruptures qu'il faut bien prévoir, puisqu'on peut être malheureux dans ses affections, et des conseils encore sur la
manière de discerner l'ami du flatteur.

La Grèce avait produit toute une littérature de l'amitié
à partir des pythagoriciens. Démocrite, Socrate, Platon,
les stoïciens, les épicuriens, avaient traité avec complaisance ce sujet aujourd'hui assez délaissé, et auquel Plutarque devait plus tard consacrer quelques-uns de ses
écrits les plus intéressants. Il n'est pas douteux que Cicéron n'ait emprunté à des ouvrages grecs la plupart des
idées qui lui ont servi de thèmes pour ses brillants déve-
loppements. Les unes appartiennent à Xénophon qui a
traité le même sujet dans le deuxième livre de ses *Mémoires sur Socrate* (ch. iv à x); d'autres au dialogue
subtil attribué à Platon et qui porte le nom de *Lysis*;

le plus grand nombre revient à Aristote, et l'on voudrait
que Cicéron eût puisé avec encore moins de discrétion
dans les deux beaux livres de la *Morale à Nicomaque*, où
l'amitié est étudiée avec une profondeur qui n'a pas été
égalée (viii et ix). Il est cependant probable qu'il n'a lu
aucun des ouvrages qu'on vient de citer : mais il les
connaît ou du moins il en profite, peut-être sans le savoir,
grâce à des œuvres de seconde main dues à des péripatéti-
ciens ou à des académiciens plus récents qui les ont imi-
tés. Si nous avions conservé le Περὶ φιλίας de Théophraste,
nous y retrouverions sans doute la substance du *Lélius*.
Cicéron ne se pique pas d'originalité en philosophie, ni
en morale. Le *Lélius* n'est pas un chef-d'œuvre, mais les
restes d'une langue morte ne doivent pas être appréciés
seulement par la valeur ou la nouveauté des pensées. Si
cet opuscule ne nous était pas parvenu, nous n'aurions
peut-être pas une idée de moins sur le sujet; il nous
manquerait un des documents les plus précieux de la
langue et de la littérature latine.

Le texte de cette édition a été établi d'après les travaux comparés de MM. Halm, Baiter et C. F. W. Müller.
On a consulté également les éditions allemandes de
MM. Nauck (Berlin, 1875) et Lahmeyer (Leipzig, 1875).
Mais on a profité dans une plus large mesure du com-
mentaire de Seyffert dont M. C. F. W. Müller a donné
une réimpression considérablement augmentée (Leipzig, 1876, un volume in-8° de 600 pages).

ARGUMENT ANALYTIQUE

I. Cicéron se propose de reproduire librement les pensées d'un entretien de Lélius sur l'amitié ; il rappelle à quelle occasion a eu lieu cette conversation, et de qui il la tient.

II. Lélius et ses deux gendres s'entretiennent de la mort récente de Scipion ; Lélius commence à exprimer les sentiments que cette perte lui a fait éprouver.

III. Il ne plaint pas la destinée de Scipion, qui a été heureuse jusqu'au bout, jusque dans cette mort, si soudaine qu'il ne l'a pas sentie, qui lui est arrivée à la fin de la plus belle de ses journées.

IV. Il croit fermement que l'âme ne périt pas avec le corps ; si cette croyance est vraie, quel sort est plus heureux que celui de Scipion ? si elle est fausse, pourquoi s'affliger d'un coup qui ne peut lui être sensible ? Lélius seul est à plaindre ; il se console par le souvenir et par cette espérance que son amitié pour Scipion sera connue de la postérité. Fannius et Scévola demandent alors à leur beau-père de leur dire son sentiment sur l'amitié.

V. Lélius s'en défend : il ne veut pas faire une dissertation sur l'amitié, mais il consent à en louer les bienfaits. Elle ne peut exister qu'entre les *honnêtes gens*, et par ce mot il ne faut pas entendre l'homme de bien idéal des stoïciens, mais des personnages réels et vivants, comme il y en a tant dans l'histoire de Rome. Il y a dans le cœur de l'homme un amour inné de ses semblables, d'autant plus fort que le cercle des affections se restreint, et qui atteint toute sa puissance quand il se condense dans l'amitié.

VI. Suite des avantages de l'amitié : elle l'emporte sur tous les biens, hormis peut-être sur la sagesse : la vertu en est inséparable ; elle est nécessaire à notre cœur, à notre besoin d'épanchement ; elle accroît nos joies, diminue nos tristesses, et tandis que les autres biens ne servent chacun qu'à un seul usage, elle est bonne à tous, en tout temps, en tout lieu.

VII. Elle empêche les faiblesses et les découragements ; elle triomphe de l'absence et même de la mort. Sans l'affection, la société ne peut se maintenir, et la haine et la discorde renversent les États les plus puissants. Comme le dit Empédocle, l'amitié est le lien de toute chose. Aussi les traits de dévouement dans l'amitié excitent-ils l'admiration des hommes, même au théâtre.

VIII. De l'origine de l'amitié. Les hommes la recherchent-ils par intérêt et comme un appui pour leur faiblesse? non. La puissance d'aimer est spontanée et ne comporte aucun calcul. Cette force apparaît même chez certains animaux très-attachés à leurs petits : elle éclate chez l'homme, et dans les affections de famille et dans les amitiés électives qui réunissent deux âmes par l'attrait de la vertu. La vertu est en effet si aimable qu'elle nous fait aimer des gens que nous n'avons jamais vus, et même des ennemis.

IX. C'est donc la vertu qui rapproche d'abord les âmes : les services mutuels, le dévouement et l'habitude fortifient ensuite l'amitié; si le besoin de trouver un appui est la cause de nos attachements, comment expliquer que les hommes les plus forts soient les plus ardents à aimer? L'amitié n'est pas un trafic : elle ne peut être ravalée à ce niveau que par des gens qui rapportent tout à leur plaisir. Elle a des effets favorables à nos intérêts, mais elle ne change pas avec eux.

X. Causes qui empêchent les amitiés de durer toujours : l'adversité, l'inconstance, les compétitions d'honneurs ou de richesses, les exigences coupables de certains hommes qui veulent tout obtenir de leurs amis et ne leur pardonnent pas un refus légitime.

XI. Il y a des choses que des amis ne doivent ni se demander ni s'accorder : criminelle complaisance de C. Blossius pour Tib. Gracchus. Ce n'est pas ainsi que les grands hommes du temps passé comprenaient l'amitié.

XII. Le dévouement à nos amis ne doit jamais nous entraîner au mal, et c'est une faute de les aider dans toutes leurs entreprises, surtout dans celles qui compromettent le salut public. Les dangers de l'État exigent qu'on punisse avec la dernière rigueur ces coupables liaisons : il faut empêcher les mauvais citoyens de trouver des complices. Exemples de Thémistocle et de Coriolan.

XIII. De deux paradoxes proposés par les philosophes grecs : 1° Il faut aimer avec mesure, et ne pas trop s'inquiéter des autres; — 2° il faut chercher des amis pour être défendu et assisté. — Critique du premier paradoxe : égoïsme de cette maxime. L'amitié peut avoir ses soucis et ses peines, comme la vertu; mais on ne doit pas renoncer à l'une plus qu'à l'autre, par crainte de la douleur et par amour pour la tranquillité.

XIV. Réfutation du second paradoxe : Ce qui nous porte à aimer, c'est quelque bonté que nous apercevons dans l'objet de notre affection, et comme les choses semblables s'attirent, les gens de bien sont naturellement unis par l'amitié. Cette puissance d'aimer s'étend à tous les hommes : c'est elle et non pas l'intérêt qui la satisfait, et ceux qui ont le moins besoin de l'assistance de leurs amis ne sont pas les moins ardents à aimer.

XV. On ne voudrait pas vivre dans l'opulence à condition de n'avoir aucun ami. Les tyrans sont condamnés à cette destinée malheureuse ; il en est parfois de même des hommes que la fortune a comblés de ses faveurs : leur orgueil éloigne l'amitié : les biens qu'ils possèdent peuvent leur être arrachés, et, quand ils les garderaient, ils ne peuvent vivre heureux s'ils sont sans affection.

XVI. Il y a trois opinions sur les limites et la nature de l'amitié. Suivant la première, il faut avoir pour son ami les sentiments qu'on a pour soi-même ; suivant la seconde, on doit lui rendre exactement ce qu'on reçoit de lui, et réciproquement ; et enfin la troisième recommande d'avoir pour lui l'estime qu'il professe pour lui-même. Ces trois opinions sont fausses. Le mot prêté à Bias, qu'il faut aimer comme si on devait haïr, est odieux.

XVII. L'amitié comporte une communauté complète d'intérêts et de volontés, et même parfois certaines complaisances qu'une vertu rigide condamnerait. — Autre question : quel doit être le caractère de l'ami que nous cherchons ? Il doit être inébranlable dans son attachement, capable de résister aux séductions de la fortune et de la puissance. Ces hommes sont d'une espèce rare ; ceux qui résistent à l'argent sont faibles devant les honneurs : presque tous ont peur de la souffrance.

XVIII. Autres qualités du véritable ami : franchise et loyauté ; horreur des médisances, égalité et douceur de caractère.

XIX. Deux autres questions : 1° doit-on sacrifier d'anciennes liaisons à de nouvelles amitiés ? solution négative ; 2° de l'égalité des amis : les plus puissants doivent se mettre au niveau des autres, ou plutôt s'efforcer de les élever jusqu'à eux.

XX. Les différences de rang ou de talent doivent s'effacer dans l'amitié ; ceux qui sont mieux pourvus sont les protecteurs naturels des autres. Ceux-ci, à leur tour, doivent accepter de bonne grâce la supériorité de leurs amis, se préserver de l'envie et des récriminations. Il y a une mesure à garder même dans la bienveillance, et il ne faut pas faire du mal à ses amis par excès d'affection.

XXI. Il faut parfois se résigner à rompre avec ses amis ; soit parce qu'ils sont vicieux, soit parce que leur caractère a changé, ou enfin parce qu'il survient des dissensions politiques. Ces rup-

tures doivent se faire, à moins de torts insupportables, avec ménagement, et de manière à ne pas susciter ou éprouver des inimitiés
acharnées. Pour prévenir ces ennuis, il faut être prudent dans
le choix de ses amis, et ne pas donner son affection à la légère.

XXII. Il y a des amis qui réclament plus qu'ils ne donnent eux-
mêmes. Ce qu'il faut exiger avant tout, c'est l'honnêteté, et des
deux côtés. Par là seront évitées la plupart des occasions de
brouille. Les deux amis se respecteront, et leur liaison sera comme
une association pour s'aider à la vertu et au bonheur. Il importe
de juger avant d'aimer.

XXIII. La négligence en une affaire si importante est blâmable; car l'amitié est nécessaire à tout le monde et appréciée par
des hommes de toute condition et de tout caractère. Le misanthrope lui-même a besoin d'un ami pour épancher sa bile;
l'homme comblé de tous les biens n'en peut jouir s'il est privé
du plaisir de voir ses semblables, et celui-là même qui serait
ravi au ciel et admis à pénétrer les secrets de l'univers les admirerait sans joie, s'il devait les admirer seul.

XXIV. Nous devons nous attacher à écarter les soupçons, les
mécontentements. Toutefois il faut savoir dire la vérité et l'entendre. L'indulgence extrême n'est que de la flatterie; elle est
funeste à celui qui en est l'objet; mieux vaudrait une inimitié
déclarée. Bien des gens se fâchent des réprimandes, et non
pas des fautes qui les leur ont méritées.

XXV. Le flatteur n'est pas un ami, et il n'y a pas d'union possible avec une âme aussi mobile. L'adulation, peu dangereuse
quand elle est grossière, devient à craindre quand elle provient
d'un homme considérable. Le peuple ne s'y laisse pas toujours
prendre, et parfois il a donné tort à ses courtisans.

XXVI. Sans doute la flatterie nuit seulement à ceux qui sont
infatués d'eux-mêmes, et qui ne tiennent qu'à avoir les apparences
de la vertu; mais il y a un art de flatter qui peut surprendre des
caractères mieux faits, s'insinuer en se dissimulant, et même se
déguiser sous les dehors de la contradiction.

XXVII. Conclusion: La vertu fait naître l'amitié et la fait durer;
l'intérêt est un de ses effets, et non pas son but. Elle est pourtant
un plaisir et même la seule joie de notre vie. Elle survit à la mort.
l'affection de Lélius pour Scipion n'est pas morte avec son objet.

M. TULLII CICERONIS

LÆLIUS

DE AMICITIA

I. Cicéron se propose de reproduire librement les pensées d'un entretien de Lélius sur l'amitié ; il rappelle à quelle occasion a eu lieu cette conversation, et de qui il la tient.

1. Q. Mucius augur[1] multa narrare de C. Lælio[2] socero suo memoriter[3] et jucunde solebat nec dubitare illum in omni sermone[4] appellare sapientem[5] ; ego autem a patre

1. *Q. Mucius augur*. La famille Mucia produisit beaucoup d'hommes éminents portant le surnom de Scévola (*scæva vola*, main gauche, gaucher). Celui qui est ici désigné par sa qualité d'augure, pour le distinguer d'un autre qui était pontife et dont on va parler, devint consul en 117 av. J.-C., se signala dans les guerres contre les Dalmates et contre les Marses, et surtout par sa science de jurisconsulte. Il avait épousé l'une des deux filles de Lélius. Cicéron, reconnaissant de ses soins, l'a fait figurer dans plusieurs autres dialogues, dans le *De republica* et le *De oratore*.

2. *C. Lælio*. Lélius, consul en 140 avant J.-C., fut l'ami du se-

cond Africain, comme son père avait été l'ami du premier. Il doit la meilleure part de sa renommée à Cicéron, qui a loué souvent son goût pour les lettres et pour ceux qui les cultivent. Son nom marque une nouvelle ère dans l'histoire romaine, celle où les travaux de la philosophie grecque commencent à être connus des hommes politiques.

3. *Memoriter* ne signifie pas *e memoria*; il marque l'abondance et la sûreté des souvenirs.

4. *In omni sermone*, toutes les fois qu'il parlait de lui.

5. *Sapientem*, un sage, ou plutôt *le sage*, surnom de Lélius « qui », dit ailleurs Cicéron, « dictus est sapiens » Voir I, 5 et II, 6.

ita[1] eram deductus[2] ad Scævolam sumpta virili toga[3], ut,
quoad possem et liceret[4], a senis latere nunquam disce-
derem. Itaque multa ab eo prudenter disputata[5], multa
etiam breviter et commode dicta[6] memoriæ mandabam
fierique studebam ejus prudentia[7] doctior; quo mortuo
me ad pontificem Scævolam[8] contuli[9], quem unum[10]
nostræ civitatis et ingenio et justitia præstantissimum
audeo dicere; sed de hoc alias[11], nunc redeo ad augurem.

2. Quum sæpe multa[12], tum memini domi in hemicyclio[13]

1. *Ita,* dans cette intention.

2. *Eram deductus.* Les jeunes
gens destinés à la vie publique
étaient confiés par leur père ou leurs
proches à quelque grand personnage : « Juvenis ille, qui foro et
eloquentiæ parabatur, *deducebatur*
(mot consacré) a patre vel a propin-
quis ad eum oratorem, qui prin-
cipem in civitate locum obtinebat. »
Tacite, *De oratoribus,* 34. Ils le sui-
vaient au forum, écoutaient ses discours politiques ou judiciaires, etc.

3. *Virili toga,* la toge virile de
laine blanche, *pura toga,* sans la
bordure de pourpre qui ornait la
prétexte. Les jeunes gens la revê-
taient solennellement devant le préteur après leur seizième année.

4. *Possem et liceret,* autant que
je le pourrais et que j'en aurais la
permission. *Possem* marque ce qui
dépend de Cicéron, et *liceret* ce qui
dépend de Scévola. D'une façon un
peu différente, et moins conforme
au sens du deuxième verbe, on tra-
duirait « autant que ce serait possible et convenable ».

5. *Prudenter disputata,* des ex-
plications profondes.

6. *Dicta,* des traits, des mots justes et concis : « dicta », dit ailleurs
Cicéron, « quæ vocant ἀποφθέγματα ».

7. *Prudentia* signifie non pas la
science, mais la sagesse acquise par
l'expérience.

8. *Scævolam.* Mucius Scévola,
cousin du précédent, consul en 95
av. J.-C., et grand pontife. Il fut
mis à mort par l'ordre de Marius le
jeune, en 82.

9. *Me contuli,* je m'attachai à
Scévola. Cicéron dit ailleurs dans
le même sens : *se dare alicui, se
applicare ad aliquem.*

10. *Unum* ajoute à l'idée du su-
perlatif, loin de la restreindre : Scévola n'est pas un des citoyens les
plus éminents, mais le plus éminent
de tous. Les exemples de cette
construction sont fréquents.

11. *Alias,* une autre fois, et non
pas : en un autre lieu.

12. *Sæpe multa* est régi non pas
par *memini,* mais par l'idée d'un
verbe sous-entendu, *dicere* ou *collo-
qui,* qui a été exprimée dans l'autre
membre de la phrase par *in sermonem incidere.* Construisez : memini eum dicere sæpe multa, etc.
« Parmi beaucoup de conversations,
je me rappelle, etc. »

13. *In hemicyclio.* « On désignait
sous ce nom, dit Rich, une enceinte demi-circulaire, assez large
pour contenir plusieurs personnes

sedentem, ut solebat, quum et ego essem una et pauci
admodum¹ familiares, in eum sermonem illum incidere,
qui tum fere² multis erat in ore: meministi enim profecto, Attice³, et eo magis, quod P. Sulpicio⁴ utebare
multum, quum is tribunus plebis capitali odio a Q. Pom-
peio, qui tum erat consul, dissideret, quocum conjunctis-
sime et amantissime vixerat, quanta esset hominum vel
admiratio vel querela⁵.

3. Itaque tum Scævola, quum in eam ipsam mentio-
nem⁶ incidisset, exposuit nobis sermonem Lælii de amicitia habitum ab illo secum et cum altero genero, C.
Fannio⁷, Marci filio, paucis diebus post mortem Africani⁸.
Ejus disputationis sententias⁹ memoriæ mandavi, quas
hoc libro exposui arbitratu meo¹⁰ : quasi enim ipsos in-
duxi loquentes, ne « inquam » et « inquit » sæpius interpo-

assises en même temps pour con-
verser. Les anciens élevaient des
constructions de ce genre dans
leurs parcs d'agrément. » (*Diction-
naire des Antiquités romaines.*)
Peut-être y a-t-il eu des constructions de ce genre, mais dans ce passage *hemicyclium* signifie simplement « un siége, un fauteuil ».

1. *Pauci admodum*, à peine
quelques intimes. Quand il s'agit de
nombres, *admodum* signifie, « tout
au plus, pas plus de; » *mille admodum*, pas plus de mille.

2. *Fere*, dans le sens de « généralement » a paru suspect; on a
proposé de lire *forte* : cette acception n'est pas sans exemple.

3. *Attice*. T. Pomponius Atticus,
à qui Cicéron dédie ce dialogue.

4. *P. Sulpicio*. Sulpicius Rufus,
après avoir été du parti des patriciens, se déclara contre eux pendant son tribunal, en 88 av. J.-C.,

fit charger Marius de la guerre
contre Mithridate, et devint ainsi
l'ennemi des consuls Q. Pompéius et
L. Sylla : Sylla le fit tuer.

5. *Vel admiratio vel querela*,
ou l'étonnement ou les regrets.
Querela se trouve plus loin (X, 35)
avec le sens de « mécontentement,
ressentiment ».

6. *Eam ipsam mentionem*
équivaut à *mentionem hujus ip-
sius rei*.

7. *C. Fannio*. Fannius, élève de
Panétius, historien et orateur, « moribus et ipso genere dicendi durior »,
dit Cicéron, *Brutus*, XXVI.

8. *Mortem Africani*, la mort du
second Africain. Le dialogue est
donc censé avoir été tenu en 129
av. J.-C.

9. *Sententias*, les principales
pensées.

10. *Arbitratu meo*, à ma guise,
librement.

neretur atque ut tanquam a præsentibus coram[1] haberi
sermo videretur.

4. Quum enim sæpe mecum ageres[2], ut de amicitia
scriberem aliquid, digna[3] mihi res quum omnium cognitione tum nostra familiaritate visa est; itaque feci non
invitus ut prodessem multis rogatu tuo. Sed ut in Catone
Majore, qui est scriptus ad te de senectute, Catonem in-
duxi senem disputantem, quia nulla videbatur aptior
persona[4], quæ de illa ætate loqueretur, quam ejus, qui
et diutissime senex fuisset et in ipsa senectute præter
ceteros floruisset[5]; sic, quum accepissemus[6] a patribus
maxime memorabilem C. Lælii et P. Scipionis familiari-
tatem fuisse, idonea mihi Lælii persona visa est quæ de
amicitia ea ipsa dissereret[7], quæ disputata ab eo memi-
nisset Scævola. Genus autem hoc sermonum positum in
hominum veterum[8] auctoritate et eorum illustrium plus

1. *A præsentibus coram*. Il n'y
a pas là de pléonasme : « comme
s'ils étaient présents et qu'ils par-
lassent eux-mêmes. »

2. *Ageres*. L'auteur s'adresse à
Atticus, son ami, à qui il a dédié
son opuscule. *Agere cum aliquo*,
proprement : traiter une affaire
avec quelqu'un. C'est un terme emprunté à la vie publique, qui signifie ici : « faire des instances. »
Voir plus bas XXV, 96, *agere cum
populo* et V, 16.

3. *Digna* a pour compléments
cognitione et *familiaritate*, mais
change de sens suivant qu'on le
rapproche de l'un ou de l'autre : le
sujet est digne, je pense, d'être
connu de tout le monde; il est digne
de notre amitié.

4. *Persona* signifie proprement
« le masque » dont les acteurs se
couvraient le visage, et, par exten-

sion, « le caractère », soit sur la
scène, soit dans la vie : on dit
aujourd'hui : « une personnalité. »

5. *Præter ceteros floruisset*; il
n'y a pas eu de plus *belle* vieillesse.
Florere marque la prospérité,
le bonheur, le succès, les honneurs,
plutôt que la force ou la santé.

6. *Accepissemus. Accipere* est le
mot propre pour désigner une connaissance acquise par la tradition.

7. *Dissereret*. Lélius, malgré
quelques interruptions, va faire un
discours de longue haleine, *disserere*, sur un sujet qui a été discuté
par lui et ses amis, *disputata*. Cet
opuscule est en réalité plutôt une
dissertation qu'un dialogue.

8. *Hominum veterum*, des
hommes de l'ancien temps, des personnages historiques. *Auctoritas*
marque le respect qu'ils inspirent :
« major e longinquo reverentia ».

nescio quo pacto videtur habere gravitatis; itaque ipse
mea[1] legens sic afficior interdum, ut Catonem, non me
loqui existimem.

5. Sed ut tum ad senem senex[2] de senectute, sic hoc
libro ad amicum amicissimus scripsi de amicitia. Tum
est Cato locutus, quo erat nemo fere senior temporibus
illis, nemo prudentior : nunc Lælius et sapiens — sic
enim est habitus — et amicitiæ gloria excellens de amicitia loquetur. Tu velim a me animum parumper avertas,
Lælium loqui ipsum putes. C. Fannius et Q. Mucius ad
socerum veniunt post mortem Africani; ab his sermo
oritur, respondet Lælius, cujus[3] tota disputatio est de
amicitia, quam legens te ipse cognosces[4].

II. Lélius et ses deux gendres s'entretiennent de la mort récente
de Scipion : Lélius commence à exprimer les sentiments que cette
perte lui a fait éprouver.

6. *Fannius.* Sunt ista[5], Læli; nec enim melior vir fuit
Africano quisquam nec clarior : sed existimare debes om-

---

1. *Mea,* mes paroles, ce que j'ai
écrit sur la vieillesse.

2. *Senex.* Le dialogue de la Vieillesse fut composé en l'an de Rome
710. Cicéron avait alors soixante-
trois ans, et Atticus était plus âgé
que lui de trois années. Remarquez les allitérations évidemment
cherchées : *senem, senex, senectute;* — *amicum, amicissimus,
amicitia;* on en trouve quelques
autres exemples dans cet opuscule
voir XXIII, 87.

3. *Cujus* doit se construire avec
est : « toute la discussion sur l'a-
mitié est de lui ».

4. *Cognosces,* tu te reconnaîtras.
Te ipse a peut-être plus de vivacité
que *te ipsum,* qui lui est substitué
par quelques éditeurs. Cicéron a dit
ailleurs : « Bestiæ se ipsæ diligunt;
— homo se ipse diligit; — omnia
bona a se ipsi petunt; — me ipse
consolor, » etc. Voir plus bas,
ch. III, 10 et XXI, 80, plusieurs exemples de la même construction.

5. *Sunt ista.* Le dialogue commence. Lélius a fait l'éloge de l'A-
fricain, dont la mort est récente.
Fannius l'approuve. Rapprochez de
ces mots l'expression grecque [...]
[...]

nium oculos in te esse conjectos unum[1]; te sapientem et
appellant et existimant. Tribuebatur hoc[2] modo   M. Catoni, scimus L. Acilium[4] apud patres nostros[5] appellatum
esse sapientem, sed uterque alio quodam modo[6]: Acilius,
quia prudens[7] esse in jure civili putabatur; Cato, quia
multarum rerum usum[8] habebat: multa ejus[9] et in senatu
et in foro vel provisa prudenter vel acta constanter vel
responsa acute ferebantur[10]; propterea quasi cognomen
jam[11] habebat in senectute sapientis.

7. Te autem alio quodam modo non solum natura et
moribus, verum etiam studio et doctrina esse sapientem[12],

1. *Oculos in te conjectos unum*,
tout le monde a les yeux sur toi,
c'est-à-dire, met en toi ses espé-
rances. C'est l'équivalent de l'expression grecque ἀποδλέπειν εἰς
τινα.

2. *Hoc*, à savoir, *sapientem et
appellari et existimari*.

3. *Modo*, il n'y a pas longtemps.
Caton mourut en 147 av. J.-C., et
le dialogue remonte à l'année de la
mort de Scipion, en 129.

4. *L. Acilium*. Cet Acilius vivait du temps de Caton, mais était
plus âgé que lui : il avait commenté
les lois des Douze Tables.

5. *Apud patres nostros* indique
les générations immédiatement pré-
cédentes, celles des pères et des
aïeux qu'on a pu connaître, même
indirectement; si le souvenir re-
montait plus haut, on emploierait
majores. Le fait a pu être connu
par Fannius, aussi dit-il *scimus*,
et non pas *accepimus*.

6. *Uterque alio quodam modo*.
L'un et l'autre avait reçu le nom de
sage, mais dans deux sens. *Quidam* avec *alius* forme un idiotisme fréquent, dont on trouvera une
douzaine d'exemples dans ce traité.
C'est une atténuation.

7. *Prudens* est employé ailleurs
par Cicéron avec le génitif; *in* paraît ici circonscrire la compétence
d'Acilius : « dans le domaine du
droit. »

8. *Multarum rerum usum*. Caton était remarquable par la diver-
sité de ses aptitudes : « nulla ars
neque privatæ neque publicæ rei
gerendæ ei defuit », dit Tite-Live.

9. *Ejus* est le complément de
provisa, acta, responsa, qui sont
pris substantivement, et cependant
modifiés, en qualité de parti-
cipes, par les adverbes *prudenter, constanter acute*.

10. *Ferebantur* équivaut à *laudibus ferebantur*.

11. *Jam*, il avait acquis ce surnom pendant sa vie : il le posse-
dait déjà.

12. *Te autem... esse sapientem*.
La proposition est régie par l'idée
du verbe *existimant* exprimé plus
bas. *Alio quodam modo* rappelle
la différence déjà annoncée plus
haut dans les mêmes termes : *natura et moribus*, qualités morales,

nec sicut vulgus, sed ut eruditi solent appellare sapientem, qualem in reliqua Græcia[1] neminem — nam qui septem appellantur, eos qui ista subtilius[2] quærunt in numero sapientium non habent —, Athenis unum accepimus et eum quidem etiam[3] Apollinis oraculo sapientissimum judicatum: hanc esse in te sapientiam existimant, ut omnia tua in te posita[4] esse ducas humanosque casus virtute inferiores[5] putes. Itaque ex me quærunt, credo ex hoc item Scævola[6], quonam pacto mortem Africani feras, eoque magis, quod proximis Nonis[7], quum in hortos D. Bruti[8] auguris commentandi causa[9], ut assolet, venissemus, tu non adfuisti, qui diligentissime semper illum diem et illud munus solitus esses obire[10].

8. *Scævola.* Quærunt quidem, C. Læli, multi, ut est a Fannio dictum, sed ego id respondeo, quod animadverti, te dolorem, quem acceperis quum summi viri tum

---

natives ou acquises, le naturel et le caractère; *studio et doctrina*, qualités intellectuelles, le travail et son résultat, le savoir. Lélius est un érudit, et le surnom de *sapiens* qu'on lui a décerné désigne la sagesse dans l'acception antique du terme : la vertu et la science.

1. *Reliqua Græcia*, le reste de la Grèce, à l'exception d'Athènes.

2. *Subtilius*, ceux qui se piquent d'exactitude, les philosophes. Voir plus bas, V, 18.

3. *Et eum quidem etiam.* A Athènes il n'y en eut qu'un, Socrate, et encore il peut à peine être compté, puisque c'est l'oracle d'Apollon qui l'a déclaré le plus sage.

4. *Omnia tua in te posita*, « que tous tes biens sont en toi. » Rapprochez le mot prêté à Bias : « omnia mea mecum porto. »

5. *Virtute inferiores*, ils ne peuvent rien contre la vertu; ils lui sont inférieurs en puissance, ou littéralement : plus faibles que la vertu.

6. *Ex hoc... Scævola*, ils le demandent aussi à Scévola qui est ici. *Hoc* a le sens indicatif : ce Scévola que voici.

7. *Proximis nonis*, aux dernières nones. A cette date du mois, les augures se réunissaient hors de Rome pour prendre les auspices.

8. *D. Bruti.* D. Brutus, consul en 138; Cicéron parle de lui dans le *Pro Archia*, II, 27.

9. *Commentandi causa*, pour conférer, ou même, pour travailler ensemble, pour rédiger les *commentarii*, dont ils étaient chargés.

10. *Obire diem*, être présent au jour fixé; *obire munus*, s'acquitter d'un devoir, d'un travail. Ce travail

amicissimi morte, ferre moderate, nec potuisse non commoveri, nec fuisse id[1] humanitatis tuæ[2]; quod autem
Nonis in collegio nostro[3] non adfuisses[4], valetudinem[5]
respondeo causam, non mæstitiam fuisse.

Lælius. Recte tu quidem[6], Scævola, et vero : nec enim
ab isto officio, quod semper usurpavi[7], quum valerem,
abduci incommodo meo[8] debui, nec ullo casu[9] arbitror
hoc constanti homini posse contingere[10] ut ulla inter-
missio fiat officii.

9. Tu autem, Fanni, quod mihi tantum tribui[11] dicis[12],

---

consiste ici dans les *commenta-
tiones* des augures, qui étaient con-
signées dans les *commentarii.*

1. *Id,* c.-à-d. *non commoveri.*

2. *Humanitatis tuæ,* sentiment
ou sensibilité qui convient à
l'homme.

3. *In collegio nostro.* Les augures formaient un *collège* ou cor-
poration, dont les membres avaient
le droit d'élire leurs *collègues (cooptatio);* voir plus bas XXV, 96.

4. *Quod... non adfuisses,* quant
à ton absence.

5. *Valetudo,* mot du genre de
ceux que les grammairiens ap-
pellent *medium vocabulum,* c'est-
à-dire placé entre deux acceptions
opposées, santé ou maladie.

6. *Tu quidem* est opposé à *tu autem.* Cette relation de *quidem* et de
autem pourrait être signalée à chaque page : voir ci-dessous VIII, 27.

7. *Usurpavi,* j'ai pratiqué (*usu
rapere*). Le sens d'usurper est dé-
rivé et postérieur. Voir VIII, 28.

8. *Incommodo meo,* expression
adoucie pour désigner le chagrin de
la mort de Scipion.

9. *Nec ullo casu.* Remarquez que
ces deux particules négatives répé-

tées, *nec enim, nec ullo casu,* éta-
blissent entre les deux membres de
la phrase une relation de dépen-
dance. Le premier membre contient
l'expression d'un fait particulier, et
le second le principe général dont
il est l'application.

10. *Contingere* exprime ici l'intervention d'une circonstance, d'une
occasion : il ne peut y avoir pour
un caractère solide aucune occasion
de négliger pour un moment son
devoir. En général, *contingere* emporte l'idée d'un événement heureux : par étymologie il fait penser
à un fait qui touche de près la personne (*cum tangere*) et qui est conforme à sa nature, à ses désirs;
tandis qu'*accidere* implique un fait
imprévu et le plus souvent fâcheux.
Mais cette différence, toute de principe, ne se maintient pas rigoureusement dans l'usage.

11. *Tribui. Tribuere,* avec un adverbe de quantité ou un complément,
comme *multa* ou *omnia,* signifie
dans la langue de Cicéron, « faire
cas, estimer, admirer. » Voir *De
republica,* I, X; *Brutus,* 21, etc.

12. *Quod... dicis,* quant à ce que
tu dis, équivaut à *quum id dicis.*

quantum ego nec agnosco [1] nec postulo, facis amice [2], sed, ut mihi videris, non recte judicas de Catone: aut enim nemo, quod quidem magis credo, aut, si quisquam, ille sapiens fuit. Quo modo, ut alia [3] omittam, mortem filii [4] tulit ! Memineram Paulum [5], videram [6] Gallum [7], sed hi in pueris [8], Cato in perfecto et spectato viro [9].

10. Quamobrem cave Catoni anteponas ne istum [10]

---

1. *Nec agnosco*, je ne reconnais pas le fait, je ne le tiens pas pour évident; et je ne demande pas qu'il le devienne, *nec postulo*.

2. *Facis amice*, tu parles en ami.

3. *Alia*, d'autres preuves de sa sagesse.

4. *Filii*. M. Porcius Cato, fils du censeur et de sa première femme Licinia, gendre de Paul Émile : Cicéron a prêté ailleurs à Caton des paroles de regret pour ce fils, qu'il perdit en 152 av. J.-C. : « Proficiscar... ad Catonem meum, quo nemo vir melior natus est, nemo pietate præstantior, etc., etc. » *Cato major*, XXIII, 84.

5. *Paulum*. L. Æmilius Paulus, le Macédonique, vainqueur de Persée à Pydna, en 168 av. J.-C. Il perdit deux fils; un troisième passa par adoption dans la famille des Scipion et devint le second Africain.

6. *Memineram* et *videram* ne diffèrent pas autant que « j'ai entendu parler de... » et « j'ai connu personnellement » : Lélius a dû voir de près et Paul Émile et Gallus, son contemporain. Le second de ces verbes exprime peut-être une connaissance plus complète, plus prochaine. « Cinnam memini, lit-on ailleurs, vidi Sullam. » *Philippica*, v, 6, 17. Remarquez de plus que les compléments de ces deux verbes sont moins les deux noms propres qu'une proposition infinitive comme celle-ci : *mortem filiorum ferre*. Ce dont Lélius se souvient, ce dont il a été le témoin, c'est du courage de ces deux hommes frappés dans leurs enfants.

7. *Videram Gallum*, C. Sulpicius Gallus, contemporain et ami de Paul Émile, consul en 166 av. J.-C. Cicéron en parle longuement dans le *De republica*, I, 14, 15.

8. *Hi in pueris*, ils ont été courageux, mais il s'agissait de jeunes enfants. *In* a souvent le sens de « à propos de, quand il s'agit de ». On trouvera plus bas : « Plaudebant *in* re ficta », ils applaudissaient à propos d'une fiction ; « experiundum *in* amicitia », il faut faire des expériences à propos de l'amitié, et un grand nombre d'autres exemples (VII, 24; XII, 40, 41, 42; XVI, 57; XVII, 62; XIX, 70, etc.). Madvig a remarqué que souvent *in* équivaut presque à *de*.

9. *Perfecto et spectato viro*. Le fils de Caton mourut à quarante ans. C'était un homme fait, *perfectus* opposé à *in pueris*, et un personnage en vue, d'un mérite bien connu, *spectatus*.

10. *Istum*, l'homme dont tu parles. *Iste*, quand il n'est pas pris en

quidem ipsum, quem Apollo, ut ais, sapientissimum judicavit : hujus enim facta, illius [1] dicta laudantur. De me autem, ut jam cum utroque loquar, sic habetote [2] :

III. Il ne plaint pas la destinée de Scipion, qui a été heureuse jusqu'au bout, jusque dans cette mort si soudaine qu'il ne l'a pas sentie, et qui lui est arrivée à la fin de la plus belle de ses journées.

Ego si Scipionis desiderio me moveri negem, quam id recte faciam viderint sapientes [3], sed certe mentiar : moveor enim tali amico orbatus [4], qualis, ut arbitror, nemo

mauvaise part, désigne, suivant certains grammairiens, un objet dans son rapport avec la seconde personne. *Hic*, au contraire, serait, dans le même cas, en relation avec la première personne, et *ille* avec la troisième. A ce compte, *istum* signifiant l'homme dont *tu* parles, *hic* signifierait celui dont *je* parle, et *ille* celui dont *il* parle. Cette symétrie ne s'observe pas toujours, et la remarque est plus subtile qu'elle n'est exacte. Pourtant elle se vérifie souvent à propos d'*iste*, et l'on peut en relever de nombreuses applications dans cet opuscule. Voir plus haut, II, 8 : *ab isto officio*; plus bas, IV, 15 : *ista sapientiæ fama*, etc., etc.

1. *Hujus... illius*, Caton et Socrate. *Hujus*, contre l'ordinaire, désigne ici la personne dont le nom est le plus éloigné dans le discours; mais Caton lui-même est à tous égards plus rapproché de Lélius que Socrate. Quant au jugement, il est injuste : Socrate, quand il n'aurait fait que parler, serait de beaucoup

supérieur à Caton. Le génie romain, pratique et positif dans le sens le plus étroit du mot, ne peut préférer un grand philosophe à un homme d'État.

2. *Sic habetote*, sachez, apprenez ceci. L'emploi de cet impératif dans ce sens est fréquent et familier. *De me* complète l'idée : ce sont ses sentiments que Lélius veut faire connaître, et il ne s'adresse plus à Scévola ou à Fannius séparément, mais à tous deux, *cum utroque*. Remarquez combien la division des chapitres est arbitraire. La phrase qui commence le suivant est l'explication de celle-ci, et doit en être séparée seulement par deux points.

3. *Viderint sapientes*. C'est l'affaire des sages, et non la mienne. Comparez *De republica*, VI, XVIII : *ipsi videant*. Les sages, ce sont les stoïciens qui pourraient blâmer cette sensibilité, *quam id recte faciam*.

4. *Moveor... orbatus*. On peut être tenté de voir dans cette construction un hellénisme : je suis affecté d'être privé; mais *moveor à*

unquam erit, ut confirmare possum, nemo certe fuit; sed non egeo medicina : me ipse consolor et maximo illo solatio, quod eo errore [1] careo, quo amicorum decessu plerique angi [2] solent. Nihil mali accidisse Scipioni puto: mihi accidit, si quid accidit; suis autem incommodis graviter angi non amicum [3], sed se ipsum amantis est.

11. Cum illo vero quis neget actum esse præclare [4]? Nisi enim, quod ille minime putabat, immortalitatem [5] optare vellet, quid non adeptus est, quod homini fas esset optare? qui summam spem civium, quam de eo jam puero habuerant [6], continuo [7] adolescens incredibili virtute [8] superavit; qui consulatum petivit nunquam, factus consul [9] est bis, primum [10] ante tempus [11], iterum sibi suo

pour complément sous-entendu *desiderio :* j'éprouve des regrets, privé que je suis, etc.

1. *Eo errore.* Cette erreur, c'est que la mort soit un mal pour celui qui la subit : elle est réfutée et indiquée tout à la fois par les mots : *nihil mali accidisse Scipioni puto.* Elle a été discutée au premier livre des *Tusculanes.*

2. *Angi,* éprouver une douleur qui tient de l'inquiétude (angoisse). Cette douleur a un motif : c'est la mort de nos amis (*decedere e vita,* comme on dit *decedere ex provincia*) ; elle a une cause : c'est le préjugé qui regarde la mort comme un mal : de là ces deux ablatifs *quo, decessu.*

3. *Non amicum,* suppléez *amantis.* Remarquez la force de l'adjectif possessif *suis :* le mal n'est pas pour Scipion, il n'en souffre pas; il y a égoïsme à le ressentir trop vivement.

4. *Cum illo.... actum esse præclare.* Le verbe *agere* forme avec les adverbes *bene, præclare, optime*

ou *male, pessime,* un idiotisme fréquent : traiter bien ou mal. La forme impersonnelle implique ici l'idée du sort, de la destinée : le sort a bien traité Scipion, Scipion a eu du bonheur.

5. *Immortalitatem,* l'immortalité, au sens étymologique : le privilége de ne pas mourir. Scipion ne songeait certes pas à le désirer, *minime putabat.*

6. *Habuerant* est modifié par *jam.*

7. *Continuo,* immédiatement, dès qu'il parvint à l'adolescence.

8. *Virtute,* par son mérite, ses qualités viriles : — a *vir-o, vir-tus.*

9. *Factus consul.* Le mot *consul* manque dans les manuscrits et est nécessaire.

10. *Primum* s'emploie fréquemment, même pour désigner seulement la première de deux choses, surtout quand il s'agit du temps et que le mot correspondant est *iterum* ou *deinde.*

11. *Ante tempus,* avant le temps fixé par la loi, à trente-six ans lorsqu'il en fallait 43 (447 av. J.-C.).

tempore[1], rei publicæ[2] pæne sero[3]; qui duabus urbibus eversis[4] inimicissimis huic imperio non modo præsentia, verum etiam futura bella delevit[5]. Quid dicam de moribus facillimis[6], de pietate in matrem, liberalitate in sorores, bonitate in suos, justitia in omnes? nota sunt vobis[7]. Quam autem civitati carus fuerit, mærore funeris[8] indicatum est. Quid igitur hunc paucorum annorum[9] accessio juvare potuisset? Senectus enim quamvis non sit gravis, ut memini Catonem anno ante quam est mortuus mecum et cum Scipione disserere[10], tamen aufert eam viriditatem, in qua etiam nunc erat Scipio.

---

1. *Suo tempore*, au moment voulu, à propos, quand il en avait le droit (134 av. J.-C.). Le magistrat élu dans le délai fixé par la loi était dit élu *anno suo*. « Reliquit annum suum », *Pro Milone*, ix. « Anno suo petierunt », *De lege agraria*, ii, 2, etc., etc.

2. *Sibi... reipublicæ*, datifs d'attribution opposés l'un à l'autre.

3. *Sero*. La guerre de Numance durait depuis huit ans; le désastre de Mancinus et les échecs de ses deux successeurs étaient récents. L'élection de Scipion était donc presque tardive pour le salut public (134 av. J.-C.).

4. *Duabus urbibus eversis*, Carthage et Numance, détruites, l'une en 145, et l'autre en 133 av. J.-C.

5. *Delevit*. *Delere bella* est une locution dont on ne trouve pas d'autre exemple, et qui s'explique ici par l'analogie des mots *duabus urbibus eversis*.

6. *Quid dicam de moribus facillimis :* Pourquoi parler de l'extrême douceur de son caractère, et non pas : que dirai-je de....? Le sens

est précisé par les mots suivants: *nota sunt vobis*. Par *mores facillimi*, faut-il entendre l'ensemble des vertus dont les noms suivent, ou une qualité particulière qui s'ajoute à elles? Le second sens paraît plus vraisemblable: la douceur du caractère, l'amabilité n'implique pas la générosité, ni encore moins la justice.

7. *Nota sunt vobis*, ce sont choses qui vous sont connues. L'éloge de Scipion qui servira encore d'épilogue à cet opuscule est naturel dans la bouche de Lélius; mais bien des traits de sa vie donnent à penser que la douceur et la bonté n'étaient pas ses vertus de prédilection.

8. *Mærore funeris*, le deuil de ses funérailles, c'est-à-dire la douleur publique qui se manifesta à ses obsèques.

9. *Paucorum annorum*, il n'aurait en tout cas pu vivre que peu d'années de plus; il mourut à cinquante-six ans.

10. *Disserere*, allusion au dialogue intitulé : *Cato major* ou *De senectute*. Caton y prouve que la vieillesse n'est pas pénible.

12. Quamobrem vita quidem talis fuit vel fortuna vel gloria[1], ut nihil posset accedere; moriendi autem sensum celeritas abstulit[2]: quo de genere mortis difficile dictu est[3]; quid homines suspicentur[4] videtis. Hoc vero tamen licet dicere, P. Scipioni ex multis diebus, quos in vita celeberrimos[5] lætissimosque viderit, illum diem clarissimum fuisse, quum, senatu dimisso[6], domum reductus ad vesperum est a patribus conscriptis, populo Romano[7], sociis et Latinis[8], pridie quam excessit e vita, ut ex tam alto dignitatis gradu ad superos videatur deos potius quam ad inferos[9] pervenisse.

1. *Vel fortuna vel gloria.* Ces deux mots sont à l'ablatif; le premier équivaut ici à peu près à *felicitas;* ce sont les faveurs du sort, le bonheur, ou, plus familièrement, la chance : la part du hasard, comme *gloria* est la part du mérite.

2. *Celeritas abstulit.* Il mourut subitement, et, comme on dit, il ne se sentit pas mourir.

3. *Difficile dictu est,* c'est une question délicate. Construction impersonnelle assez remarquable; on la retrouve plus bas, xvii, 64.

4. *Suspicentur.* Scipion Émilien, ardent ennemi des Gracques, fut un matin trouvé mort dans son lit, portant, dit-on, sur la tête des traces de violence, et l'on soupçonna qu'il avait été empoisonné par sa femme ou étranglé par les partisans de C. Gracchus. Cicéron, peut-être par passion politique, donne du crédit à ces rumeurs, et à la fin du *De republica* Paul-Émile prédit à Scipion qu'il n'échappera pas aux mains criminelles de ses proches, « impias propinquorum manus » Il est ici plus réservé et probablement plus juste.

5. *Celeberrimos,* jours où il y a un grand concours de peuple, jours fêtés par la foule.

6. *Senatu dimisso,* après la séance du Sénat.

7. *Populo romano.* Ce cortége était composé des partisans de l'aristocratie, de ceux que Cicéron appelle *boni viri.* La plèbe, *plebs romana,* dont C. Gracchus soutenait les intérêts, n'y figura pas.

8. *Sociis et Latinis.* Les Latins sont bien des alliés, *socii;* mais ils ont leurs priviléges : comme le droit de voter dans les comices, etc.

9. *Ad inferos.* Scipion est presque divinisé comme Romulus : il semble devoir habiter plutôt parmi les dieux d'en haut que parmi les dieux d'en bas; *inferos* se rapporte à *deos,* comme *superos.* Cette explication comporte doute : si l'on comprend que Scipion parait être devenu un dieu, il serait absurde de dire qu'il n'est pas devenu un dieu des enfers. Aussi a-t-on proposé de traduire *superos* et *inferos* par l'idée indéterminée de « habitants du ciel et des enfers »,

IV. Il croit fermement que l'âme ne périt pas avec le corps; si
cette croyance est vraie, quel sort est plus heureux que celui de
Scipion? si elle est fausse, pourquoi s'affliger d'un coup qui ne
peut lui être sensible? Lélius seul est à plaindre; il se console
par le souvenir et par cette espérance que son amitié pour Scipion
sera connue de la postérité. Fannius et Scévola demandent alors
à leur beau-père de leur dire son sentiment sur l'amitié.

13. Neque enim assentior iis qui hæc nuper[1] disserere
cœperunt, cum corporibus simul animos interire atque
omnia morte deleri : plus apud me antiquorum[2] auctoritas valet, vel nostrorum majorum, qui mortuis tam
religiosa jura[3] tribuerunt, quod non fecissent profecto,
si nihil ad eos pertinere arbitrarentur[4]; vel eorum, qui

et de regarder *deos* comme une
sorte d'apposition à *superos : superos qui sunt dii*. La première
interprétation n'est pas aussi subtile : elle paraît suffisante.

1. *Iis qui.. nuper*. Ce sont les
épicuriens dont les doctrines matérialistes excluent toute croyance à
l'immortalité; et sans nul doute les
épicuriens romains, puisqu'ils ont
commencé récemment, *nuper*, dit
Lélius, à proposer leurs idées. Cicéron cite ailleurs Amafinius comme
un de leurs premiers interprètes latins, et déplore le succès de théories
qui lui ont toujours été odieuses :
« Cujus libris editis, dit-il, com-
mota multitudo contulit se ad eam
potissimum doctrinam. » *Tusculanes*, IV, 3, 6. Lucrèce dit de
même de cette doctrine : « reperta
est nuper », et de lui-même, qu'il a
été un des premiers, « primus cum
primis », à la traduire en latin, « in
patrias vertere voces » (livre V, 835)

2. *Antiquorum*. Ces anciens sont
ensuite désignés : ce sont les Romains d'autrefois, les Pythagoriciens
et enfin Socrate.

3. *Religiosa jura*. Les morts
avaient des droits, comme on peut
le comprendre, dit ailleurs Cicéron,
« e pontificio jure et e cærimoniis se-
pulcrorum ». Ces droits étaient ga-
rantis par les lois : « deorum manium
jura sancta sunto »; on ne pouvait les
violer sans sacrilége ni sans en-
courir de terribles châtiments : « tam
inexpiabili religione ea sanxerant » :
et ces derniers mots indiquent le
sens de l'adjectif *tam religiosa*. *De
legibus*, II, 9, 22; *Tusculanes*, I,
12, 27.

4. *Pertinere arbitrarentur*, s'ils
avaient pensé (comme s'il y avait
arbitrati fuissent) que les morts y
fussent indifférents; que ces droits
n'eussent aucun intérêt pour eux.
Sur *pertinere*, voir plus bas, XIV,
50.

in hac terra[1] fuerunt Magnamque Græciam, quæ nunc quidem deleta est[2], tum florebat, institutis et præceptis[3] suis erudierunt; vel ejus, qui Apollinis oraculo sapientissimus est judicatus[4], qui non tum hoc, tum illud[5], ut in plerisque[6], sed idem semper[7], animos hominum esse divinos[8] iisque, quum ex corpore[9] excessissent, reditum in cælum patere optimoque et justissimo cuique expeditissimum[10].

1. *In hac terra.* Ce sont les pythagoriciens établis dans cette partie de l'Italie appelée la Grande Grèce, où Pythagore lui-même passa la plus grande partie de sa vie, au commencement du vi⁰ siècle av. J.-C.

2. *Deleta est.* Ce qui a été détruit, ce sont sans doute les républiques qui florissaient alors dans cette partie de l'Italie.

3. *Institutis et præceptis suis.* On peut voir avec quelque bonne volonté dans ces deux mots une allusion au double caractère des pythagoriciens qui étaient à la fois des législateurs et des philosophes, et qui donnèrent à la Grande Grèce des institutions politiques, *institutis,* et des leçons de morale, *præceptis.* Mais les deux mots paraissent plus vraisemblablement se rapporter à la science et à la morale.

4. *Judicatus.* Voir plus haut, II, 7.

5. *Tum hoc, tum illud.* Socrate ne prodiguait pas les affirmations; il cherchait la vérité et ne croyait pas qu'elle fût trouvée; mais il ne se contredisait pas, comme pourraient le faire entendre ces mots.

6. *In plerisque,* dans la plupart des questions.

7. *Idem semper,* complément d'un verbe sous-entendu dont *qui* est le sujet : il disait ou pensait toujours de même sur cette question. Quelques éditeurs ont écrit *cui non tum,* etc., en admettant l'ellipse de *videbatur* qui se trouve un peu plus bas; et *uti plerisque,* au lieu de *in plerisque* : ce qui donne un sens différent, et moins plausible.

8. *Esse divinos.* C'est bien la doctrine que Platon prête à Socrate : elle admet non pas seulement l'immortalité, mais l'éternité des âmes.

9. *Corpore.* On s'attendrait plutôt à lire *corporibus. Corpore* signifie peut-être le corps, la substance matérielle en général, et non pas un corps. « Cœtus eorum qui jam vixerunt et *corpore* laxati illum locum incolunt » (*De republica,* VI, 14).

10. *Expeditissimum,* la route la plus facile (*sine impedimentis*), peut-être la plus courte : car les hommes vicieux n'arrivent au ciel qu'après de longs délais, « nisi multis exagitati sæculis » (id. *ibid.*).

14. Quod idem Scipioni videbatur[1], qui quidem[2], quasi præsagiret[3], perpaucis ante mortem diebus, quum et Philus et Manilius adessent et alii plures, tuque etiam, Scævola, mecum venisses, triduum disseruit de re publica[4]; cujus disputationis fuit extremum fere[5] de immortalitate animorum, quæ se in quiete per visum ex Africano audisse dicebat: id si ita est, ut optimi cujusque animus in morte facillime evolet[6] tanquam e custodia vinclisque corporis[7], cui censemus cursum ad deos faciliorem fuisse quam Scipioni? Quocirca mærere hoc ejus eventu[8] vereor ne invidi magis quam amici sit. Sin autem

---

1. *Scipioni videbatur.* Scipion connaissait les doctrines platoniciennes : il avait pu les recevoir de son ami Panétius qui, bien que stoïcien, ne les ignorait pas et en admirait la beauté.

2. *Qui quidem.* Le sens de *quidem,* mot d'un emploi si fréquent, est souvent difficile à déterminer. Le plus souvent, quand il est joint à un pronom conjonctif, il équivaut à la particule grecque γι et ne sert guère, comme elle, qu'à détacher des autres mots celui auquel il est joint. Voir ci-dessous, VIII, 27.

3. *Quasi præsagiret,* comme s'il avait la vue de l'avenir. Cicéron définit lui-même ce mot composé de *præ* et de *sagire :* « futura ante sentire. » Ce pressentiment est dû à la *sagacité;* il n'a rien de commun avec la divination, qui s'opère sous l'inspiration des dieux.

4. *De re publica.* Lélius fait allusion au dialogue qui porte ce nom, et rappelle quels sont les personnages que Cicéron y a fait parler.

5. *Extremum fere.* Cette fin de la discussion est l'épilogue du livre VI, qui nous a été conservé et qu'on

désigne souvent sous le titre de *Songe de Scipion. Fere* doit se construire avec *fuit de immortalitate :* on n'y parle guère que de l'immortalité.

6. *Evolet.* Cicéron a décrit au premier livre des *Tusculanes* cette ascension des âmes vers la sphère du feu : il se sert alors du même mot *evolare,* qu'il répète encore avec le même sens dans le *De republica.*

7. *Custodia vinclisque corporis.* Ces expressions sont tout à fait du langage platonicien, et Cicéron les a souvent répétées. *Custodia* n'est pas proprement une prison : c'est une maison, celle d'un personnage notable, où les citoyens prévenus d'un crime ou simplement suspects devaient se rendre pour y garder les arrêts. C'est en ce sens que Cicéron, condamnant le suicide, a dit : « retinendus est animus in custodia corporis. » *De republica,* VI, 11. *Vinclis* réveille l'idée de *carcer* et d'une captivité plus douloureuse : « qui ex corporum vinclis tanquam e carcere evolaverunt », *ibid.* X.

8. *Hoc ejus eventu.* Ce substantif exprime un résultat, une issue, une

illa veriora[1], ut idem interitus sit animorum et corporum
nec ullus sensus maneat, ut nihil boni est in morte, sic
certe[2] nihil mali; sensu enim amisso[3] fit idem, quasi
natus non esset omnino, quem tamen esse natum et nos
gaudemus et hæc civitas, dum erit, lætabitur[4].

15. Quamobrem cum illo quidem, ut supra dixi[5], actum
optime est, mecum incommodius, quem fuerat[6] æquius,
ut prius introieram, sic prius exire de vita; sed tamen
recordatione nostræ amicitiæ sic fruor, ut beate vixisse
videar[7], quia cum Scipione vixerim, quocum mihi conjuncta cura de publica re et de privata fuit, quocum et
domus fuit et militia[8] communis et id, in quo est omnis
vis amicitiæ, voluntatum studiorum, sententiarum[9],

fin ; il ne s'applique pas d'ordinaire
aux personnes, et *eventus ejus* est
une forme d'exception.

1. *Sin autem illa veriora.* C'est
une seconde hypothèse à examiner,
celle des épicuriens. Cicéron ne
l'accepte pas et il aime mieux celle
de Platon ; mais il n'est pas très-
convaincu, comme on le voit au
premier livre des *Tusculanes.* Il
veut ici prouver que la mort de Scipion n'est pas un mal pour lui : s'il
existe encore, dit-il, il est heureux ;
s'il n'existe plus, il n'éprouve aucun mal. Remarquez l'emploi de *ut*
dans la proposition suivante, au lieu
de l'infinitif. On en trouve plus d'un
exemple dans cet ouvrage : XIV, 50 ;
XXI, 80.

2. *Ut nihil.... sic certe.* Les
deux particules *ut* et *sic* relient ici
des choses opposées. S'il n'y a rien
de bon dans la mort, du moins
(*certe*) il n'y a rien de mauvais.

3. *Sensu enim amisso.* Une
fois la conscience perdue, il devient
comme s'il n'était pas né du tout.

Le *quem tamen* qui suit indique
clairement que le sujet de *fit* et de
natus esset est Scipio.

4. *Lætabitur.* Bien qu'il y ait
une différence entre *gaudere* et *lætari*, et que le second verbe exprime
souvent une joie moins calme et
presque passionnée, il ne paraît pas
que Cicéron ait eu l'intention d'indiquer ici une distinction de ce
genre.

5. *Ut supra dixi.* Voir, III, 11,
*cum illo quis negel actum esse
præclare*, etc.

6. *Fuerat* équivaut à *fuisset.*

7. *Videar*, je crois, et non pas :
je parais, *mihi videar.*

8. *Domus et militia.* Ces substantifs ont ici leur sens propre et ne
signifient pas « la paix et la guerre »,
mais « la maison et l'armée ».

9. *Sententiarum*, etc. Ces trois
substantifs désignent plus ou moins
clairement les trois grandes facultés
de l'âme, la volonté, les inclinations
et la pensée. Toutefois cette préci-
sion risque d'être un peu forcée.

summa consensio. Itaque non tam ista me sapientiæ, quam modo Fannius commemoravit, fama delectat, falsa præsertim [1], quam quod amicitiæ nostræ memoriam spero sempiternam fore, idque eo mihi magis est cordi [2], quod ex omnibus sæculis vix tria aut quatuor nominantur paria [3] amicorum, quo in genere sperare videor [4] Scipionis et Lælii amicitiam notam posteritati fore [5].

16. *Fannius.* Istuc [6] quidem, Læli, ita necesse est. Sed, quoniam amicitiæ mentionem fecisti et sumus otiosi [7], pergratum mihi feceris — spero item Scævolæ —, si, quemadmodum soles de ceteris rebus, quum ex te quæritur, sic de amicitia [8] disputaris quid sentias, qualem existimes, quæ præcepta des.

Scævola. Mihi vero erit gratum, atque id ipsum quum tecum agere [9] conarer, Fannius antevertit : quamobrem utrique nostrum gratum admodum [10] feceris.

---

1. *Falsa præsertim,* alors surtout que je ne la mérite pas.

2. *Mihi magis est cordi,* je le souhaite d'autant plus. Cette même expression signifierait en d'autres cas : je m'y applique.

3. *Tria aut quatuor paria.* Ces paires d'amis ont souvent été citées par les anciens et par Cicéron lui-même; ce sont : Thésée et Pirithoüs, Achille et Patrocle, Oreste et Pylade, Damon et Phintias.

4. *Videor* équivaut à *videor mihi,* je crois.

5. *Posteritati fore.* Cette ambition paraît un peu puérile; et cette espérance doit être une bien faible et bien médiocre consolation pour un cœur aimant.

6. *Istuc.... necesse est,* cela ne peut être autrement. *Istic, istæc, istoc* ou *istuc,* paraît formé de *istece*

(comme *hicce*). D'autres le dérivent de *iste hic,* ce qui est moins soutenable.

7. *Sumus otiosi,* nous avons le temps, et non pas : nous n'avons rien à faire. En dehors des devoirs publics, les hommes notables de Rome ne sont plus *occupati;* ils sont *otiosi,* même quand ils soignent leurs affaires : « suum negotium gerunt otiosi » (plus bas, xxiii, 86), ou qu'ils s'appliquent à des travaux d'esprit.

8. *De amicitia,* complément de *quid sentias.*

9. *Tecum agere,* de faire cette même demande. Voir I, 4.

10. *Admodum,* jusqu'à la mesure pleine, c'est-à-dire, tout à fait, complétement. Cet adverbe modifie ici non pas *gratum,* mais l'expression tout entière *gratum feceris.*

V. Lélius s'en défend: il ne veut pas faire une dissertation sur l'amitié, mais il consent à en louer les bienfaits. Elle ne peut exister qu'entre les *honnêtes gens*, et par ce mot il ne faut pas entendre l'homme de bien dont parlent les stoïciens et qui est un idéal, mais des personnages réels et vivants, comme il y en a tant dans l'histoire de Rome. Il y a dans le cœur de l'homme un amour inné de ses semblables, d'autant plus fort que le cercle des affections se restreint, et qui atteint toute sa puissance quand il se condense dans l'amitié.

17. *Lælius.* Ego vero non gravarer, si mihi ipse confiderem; nam et præclara res est[1] et sumus, ut dixit Fannius, otiosi. Sed quis ego sum aut quæ est in me facultas[2]? Doctorum[3] est ista consuetudo eaque Græcorum, ut iis ponatur[4] de quo disputent quamvis subito[5]: magnum opus[6] est egetque exercitatione non parva. Quamobrem quæ disputari de amicitia possunt, ab eis censeo petatis[7], qui ista profitentur[8]: ego vos hortari tantum possum ut amicitiam omnibus rebus humanis anteponatis; nihil est enim tam naturæ aptum[9], tam conveniens ad res vel secundas vel adversas.

1. *Præclara res est,* le sujet est beau.

2. *Facultas,* talent, aptitude.

3. *Doctorum,* l'habitude de ces discussions philosophiques fut introduite à Rome par Carnéade que Lélius avait entendu vingt-cinq ans auparavant.

4. *Ut iis ponatur.* Il était d'usage dans ces conférences (*in scholis*), données par des philosophes ou des rhéteurs, de leur indiquer un sujet de dissertation, ou de leur poser une question que souvent ils s'évertuaient à résoudre dans les deux sens.

5. *Quamvis subito,* quoique sans préparation, ou même sans préparation.

6. *Magnum opus,* c'est une tâche difficile. « Audax negotium », dit ailleurs (*De finibus,* 1, 1) Cicéron, en parlant de ces jeux de parole. Le rhéteur Gorgias en donna, dit-on, le premier exemple.

7. *Censeo petatis,* je vous conseille de le demander. Il y a peut-être bien quelque peu d'ironie dans ce conseil.

8. *Qui ista profitentur,* ceux qui font profession de ces exercices, les Grecs établis à Rome ou leurs imitateurs. *Ista* enferme l'idée indéterminée de tous ces exercices de philosophie ou de rhétorique.

9. *Naturæ aptum,* conforme à la nature humaine, adapté à notre

18. Sed hoc[1] primum sentio, nisi in bonis[2] amicitiam esse non posse : neque id ad vivum reseco[3], ut illi, qui hæc subtilius disserunt[4], fortasse vere, sed ad communem utilitatem[5] parum[6] ; negant enim quemquam esse virum bonum nisi sapientem[7]. Sit ita sane : sed eam sapientiam interpretantur, quam adhuc mortalis nemo[8] est consecutus ; nos autem ea, quæ sunt in usu vitaque communi, non ea, quæ finguntur aut optantur[9], spectare debemus.

nature, ou, simplement, naturel. Dans *conveniens* on trouve le sens d'*utile*, συμφέρων.

1. *Sed hoc.* Ce *mais* est une sorte de correction à *vos hortari tantum possum*. Il ne donne pas seulement un conseil : il arrive à exprimer son avis.

2. *In bonis* peut s'entendre comme *inter bonos :* littéralement : « l'amitié ne peut exister que chez les honnêtes gens. » Platon exprime la même pensée dans le *Lysis*, x.

3. *Ad vivum reseco*, expression empruntée aux opérations chirurgicales. La locution française « je ne tranche pas jusqu'au vif », n'a peut-être pas tout à fait le même sens. Les mots latins veulent dire : je ne prends pas ces termes à la rigueur, je n'en force pas le sens.

4. *Qui hæc subtilius disserunt*, qui mettent plus d'exactitude dans leurs discussions, les faiseurs de théories, les philosophes. Voir plus haut, II, 7.

5. *Communem utilitatem* peut signifier l'intérêt général ; mais le sens d'usage ordinaire, de pratique quotidienne de la vie, paraît plus plausible, comme l'indiquent ces mots qu'on va lire : *ea quæ sunt in usu vitaque communi*. Voir aussi plus bas, VI, 22.

6. *Fortasse vere, sed.... parum.* Ces théories plus savantes, conduisent peut-être à la vérité ; mais elles sont peu de chose pour la pratique. *Vere* et *parum* modifient *subtilius disserunt*. *Parum ad utilitatem* est une construction insolite, peut-être elliptique.

7. *Nisi sapientem.* Cette opinion est bien celle des stoïciens : elle est soutenable dans l'ensemble de leur système ; elle ressemble à un paradoxe si on l'isole, comme ici, de toutes celles qui pourraient l'expliquer.

8. *Mortalis nemo.* L'idée du sage parfait dans la doctrine stoïcienne est un idéal, à peu près comme l'idée du bien dans les systèmes platoniciens. C'est un modèle sur lequel les hommes doivent se former, et qu'ils ne peuvent jamais égaler. Il n'est donc pas étonnant que pas un être soumis à la mort, *mortalis nemo*, n'ait atteint à cette sagesse suprême, telle qu'ils la définissent, *interpretantur*.

9. *Aut optantur.* La pratique ordinaire de la vie d'un côté, et de l'autre les choses qu'on imagine ou qu'on souhaite, s'opposent ici comme le réel à l'idéal, qui, façonné par notre esprit, *finguntur*, devient l'objet de nos désirs, *optantur*.

Nunquam ego dicam C. Fabricium, M. Curium, Tib. Coruncanium[1], quos sapientes nostri majores judicabant, ad istorum normam fuisse sapientes[2]; quare sibi habeant sapientiæ nomen et invidiosum et obscurum[3], concedant ut viri boni fuerint. Ne id quidem facient: negabunt id nisi sapienti posse concedi[4].

19. Agamus igitur pingui, ut aiunt, Minerva[5]: qui ita se gerunt, ita vivunt[6], ut eorum probetur fides[7], inte-

1. *C. Fabricium... Coruncanium.* Ces personnages bien connus sont : 1° C. Fabricius Luscinus, l'adversaire loyal de Pyrrhus ; 2° Manius Curius Dentatus, consul en 290, vainqueur des Samnites et de Pyrrhus ; 3° Tibérius Coruncanius, l'ami du précédent, consul en 281 av. J.-C., le premier plébéien qui parvint au grand pontificat.

2. *Fuisse sapientes.* L'argument n'a guère d'autre valeur que celle d'un jeu de mot. Les anciens Romains avaient sans doute raison d'appeler *sapientes* leurs consuls ; et les stoïciens jugeant d'après d'autres principes, *ad istorum normam*, ne sont pas moins fondés à leur refuser ce titre. Ils n'entendent pas par le même mot la même chose.

3. *Invidiosum et obscurum.* Cette dénomination, le sage, n'est pas populaire : elle excite une sorte de haine ; elle n'est pas non plus facilement comprise. Ces deux allégations de Lélius doivent être vraies. Il y a dans le stoïcisme une apparence d'arrogance qui indispose le vulgaire, et des profondeurs qui peuvent sembler obscures. L'épicurisme est plus aimable et plus clair.

4. *Posse concedi.* Ne pas juger du stoïcisme par cette brève discussion, qui ne dénature pas sa doctrine, mais la rend inintelligible. Les stoïciens ont de bonnes raisons pour professer que le sage seul est l'homme de bien. Cicéron lui-même déclare quelque part que la plus haute vertu coïncide avec la plus haute raison. C'est une formule abstraite de la vérité dont il se raille en ce passage.

5. *Pingui.... Minerva.* C'est un proverbe, *ut aiunt*. « Agere *pingui minerva* », procéder avec le gros bon sens ; littéralement, avec une minerve épaisse. Minerve personnifie le talent, l'intelligence, *ingenium*, *artes*. Raisonner *pingui minerva*, c'est raisonner avec bonhomie, sans malice, et, en mauvaise part, comme un lourdaud.

6. *Ita vivunt. Se gerere*, se montrer, ce n'est pas assez dire : cette vertu pourrait être feinte ; *ita vivunt* ne prête pas à l'équivoque : c'est la réalité avec l'apparence. La distinction entre ces deux idées semble se continuer ; *ut probetur* est en relation avec *se gerunt*, *nec sit* et *sint* se rattachent à *vivunt*.

7. *Ut probetur fides*, etc. *Probari*, être reconnu, avéré ; *æquitas* est une correction d'*æqualitas* qui se trouve dans les manuscrits, mais qui paraît sans exemple dans l'acception morale qu'il doit avoir en ce passage.

gritas, æquitas, liberalitas, nec sit in eis ulla cupiditas,
libido, audacia [1], sintque magna constantia [2], ut ii fuerunt,
modo quos nominavi, hos viros bonos, ut habiti sunt, sic
etiam appellandos putemus, quia sequantur, quantum
homines possunt, naturam optimam bene vivendi ducem [3].
Sic enim mihi perspicere videor [4], ita natos [5] esse nos, ut
inter omnes esset societas quædam [6], major autem, ut
quisque proxime accederet. Itaque cives potiores quam
peregrini, propinqui quam alieni : cum his enim amicitiam natura ipsa peperit, sed ea non satis habet firmitatis [7]; namque hoc præstat amicitia propinquitati, quod ex

1. *Cupiditas, libido, audacia.* Le
premier de ces mots parait avoir ici
son sens restreint ; non pas les passions en général, mais une passion
déterminée, l'avidité, la cupidité.
L'idée exprimée par *libido* est complexe : c'est à la fois le mépris pour
toute règle, et le dérèglement des
mœurs, caprice et corruption réu-
nis, terme facile à expliquer mais
non pas à traduire ; enfin *audacia*
ne peut guère s'interpréter que par
audace ; mais le mot français exprime
mal ce trait de caractère des hommes
« résolus à tout, qui ne reculent devant rien ».

2. *Constantia,* fermeté de caractère, habitude de conformer ses actes
à des principes toujours les mêmes.
C'est la qualité la plus appréciée
des stoïciens dont Cicéron vient de
se moquer.

3. *Naturam.... ducem.* On sait
que les stoïciens résumaient les
règles de la morale en ce seul principe : vivre conformément à la nature. Les philosophes de la nouvelle
académie, à laquelle Cicéron se rattache, acceptent cette maxime :
mais ils n'entendent pas de la même

manière ce terme si vague de « nature », qui pour les stoïciens désigne surtout la raison, et pour eux
les penchants, les inclinations.

4. *Mihi.... videor.* Formule qui
atténue l'affirmation, par modestie
ou par politesse. *Sic* annonce la proposition qui suit. *Perspicere,* voir
clairement.

5. *Ita natos,* que nous sommes
nés à cette condition, que nous
sommes par naissance destinés
à, etc.

6. *Societas quædam.* Ainsi, l'inclination générale qui enferme en
elle toutes les espèces d'amour, c'est
l'instinct de sociabilité, l'amour naturel de l'homme pour l'homme,
comme l'a dit énergiquement Cicéron : « natura hominem conciliat
homini. » On voit donc que l'anti-
quité n'a pas ignoré ce sentiment.
Les affections plus circonscrites,
telles que le patriotisme et l'amitié,
en dérivent-elles, comme on l'affirme ici ? C'est un point discutable.

7. *Cum his.... firmitatis. Iis,*
c'est-à-dire *cives* et *propinqui.*
Natura ipsa, la nature par elle-
même, d'elle-même, c'est-à-dire

propinquitate benevolentia tolli potest, ex amicitia non
potest[1]; sublata enim benevolentia amicitiæ nomen tolli-
tur, propinquitatis manet.

20. Quanta autem vis amicitiæ sit, ex hoc intelligi
maxime potest, quod ex infinita societate generis humani[2],
quam conciliavit ipsa natura, ita contracta res est et
adducta in angustum, ut omnis caritas aut inter duos
aut inter paucos jungeretur[3].

VI. Suite des avantages de l'amitié : elle l'emporte sur tous les
biens, hormis peut-être sur la sagesse : elle est inséparable, de
la vertu; elle est nécessaire à notre cœur, à notre besoin d'épanchement : elle accroit nos joies, diminue nos tristesses, et tandis
que les autres biens ne servent chacun qu'à un seul usage, elle
est bonne à tous, en tout temps, en tout lieu.

Est enim amicitia nihil aliud nisi omnium divinarum
humanarumque rerum cum benevolentia et caritate con-

par sa seule force; *ea*, l'affection
naturelle pour des concitoyens ou
des parents. *Amicitia* a deux sens,
l'amitié proprement dite et plus généralement l'affection sous toutes
ses formes, la puissance d'aimer,
comme φιλία en grec. Cicéron passe
souvent, et sans prévenir, d'une acception à l'autre.

1. *Non potest.* L'absence d'affection ne détruit pas la parenté,
mais elle supprime jusqu'au nom
de l'amitié.

2. *Generis humani.* Le genre
humain forme donc une grande société : le sentiment patriotique, si
énergique chez les peuples anciens,
ne les a pas empêchés de concevoir
cette vérité que le stoïcisme a pro-
clamée avec constance. Cicéron désigne clairement l'existence de cette
société, il admet qu'il faut l'aimer;

il a nommé ailleurs le sentiment
qu'elle doit inspirer, *caritas generis humani*.

3. *Jungeretur.* A ce compte, l'a-
mitié doit en effet avoir une force
extrême, *vis* : car elle représente,
appliquée à un seul homme ou à un
petit nombre, l'affection que la nature nous a donnée pour tous les
hommes, *omnis caritas.* Cicéron
n'a sans doute pas voulu dire que
pour aimer quelques hommes il
fallût devenir indifférent à l'égard
de tous les autres. Cette théorie de
l'origine de l'amitié, qui serait la
puissance d'aimer condensée et res-
treinte, *contracta et adducta in
angustum*, est très-douteuse. On
pourrait croire que nos sentiments
suivent, pour se développer, une
marche inverse, et que les plus
vastes dérivent des plus étroits.

sensio[1]: qua quidem haud scio an excepta sapientia[2]
nihil melius homini sit a dis immortalibus datum. Divitias alii præponunt, bonam alii valetudinem, alii potentiam, alii honores, multi etiam voluptates: belluarum
hoc quidem extremum, illa autem superiora[3] caduca et
incerta, posita non tam in consiliis nostris quam in fortunæ temeritate; qui autem in virtute summum bonum
ponunt[4], præclare[5] illi quidem, sed hæc ipsa virtus amici
tiam et gignit et continet[6], nec sine virtute amicitia esse
ullo pacto potest[7].

21. Jam virtutem ex consuetudine vitæ sermonisque
nostri interpretemur[8] nec eam, ut quidam docti[9], verbo-

---

1. *Consensio.* Voilà donc les
conditions de l'amitié : d'abord en-
tente parfaite sur les choses humaines et divines, c'est-à-dire sans
doute communauté d'opinions et de
pratiques politiques et religieuses,
ensuite bienveillance et affection. La
première n'est pas aussi nécessaire
que Cicéron le dit : toutefois elle
cimente et accroît l'amitié, qui a
peine à naître ou à subsister sans
elle. *Benevolentia* exprime bien ce
qu'il y a de plus profond dans la
vraie amitié : vouloir le bien de
son ami.

2. *Excepta sapientia.* L'exception est d'autant plus évidente que
l'amitié n'est qu'une partie de la
sagesse : le sage, suivant Cicéron,
doit avoir des amis.

3. *Extremum*, opposé à *superiora illa*; ce dernier bien, c'est-
à-dire, le plaisir; *superiora illa*,
les premiers, la santé, le pouvoir, etc

4. *Summum bonum ponunt.* Ce
sont les stoïciens : les philosophes
de la nouvelle Académie, dont Ci-

céron est volontiers l'interprète,
acceptent ce principe, moyennant
quelques corrections.

5. *Præclare.* Cicéron reconnaît que
l'identité de la vertu et du souverain
bien, *summum bonum*, qui peut
aussi s'appeler le souverain bonheur, est une noble doctrine.

6. *Continet*, elle la maintient,
elle la conserve. Voir XXVII, 100.

7. *Ullo pacto potest.* Il n'y a
donc rien de meilleur, *nihil melius*,
que l'amitié, même pour ceux qui
regardent la vertu comme le souverain bien : car la vertu conserve
l'amitié, *amicitiam continet*; elle
la produit, *gignit*, et elle en est la
condition. Donc, veut dire Cicéron,
plus on exaltera la vertu, plus on
vantera l'excellence de l'amitié.

8. *Interpretemur.* Ce verbe signifie à la fois « se faire une idée,
juger », ou bien « expliquer aux
autres ». Le premier sens paraît indiqué dans ce passage. *Sermonis*,
la langue ordinaire.

9. *Quidam docti*, des savants de
profession. Voir plus haut, V, 17

rum magnificentia metiamur virosque oonos eos, qui
habentur, numeremus, Paulos, Catones, Gallos, Scipio-
nes, Philos[1] : his communis vita[2] contenta est; eos autem
omittamus, qui omnino nusquam reperiuntur.

22. Tales igitur inter viros amicitia tantas opportunitates[3] habet, quantas vix queo dicere. Principio[4] qui
potest esse « vita vitalis[5] », ut ait Ennius[6], quæ non in
amici mutua benevolentia conquiescit[7]? Quid dulcius
quam habere quicum omnia audeas sic loqui ut tecum[8]?
Qui esset tantus fructus[9] in prosperis rebus, nisi haberes
qui illis æque ac tu ipse gauderet? Adversas vero ferre

1. *Paulos.... Philos.* On a déjà
parlé oc ces personnages que Cicéron cite comme des hommes de bien,
au sens ordinaire du mot, *qui habentur*.

2. *Vita communis*, la vie ordinaire. Voir plus haut v, 18, *communem utilitatem, in vita communi*.

3. *Opportunitates* peut se traduire comme *utilitates*, des avantages; littéralement : de bonnes
occasions, des facilités pour agir.
Voir un peu plus bas, vi, 23, *commoditates*.

4. *Principio*. Premier avantage.

5. *Vita vitalis*. L'adjectif *vitalis*
signifie : qui fait vivre. Vivre sans
amis, ce n'est pas vivre, βίος ἀβίω-
τος. Voir plus bas, *vita nulla*. Au
lieu de *qui*, adverbe, « en quoi »,
on écrit parfois *cui*, « à qui, pour
qui. »

6. *Ennius*. Cette expression ne
se retrouve pas dans les fragments
qui nous restent d'Ennius.

7. *Conquiescit*. Ce passage rappelle de très-près quelques phrases
de l'*Éthique à Nicomaque*, d'Aristote, ouvrage dont le huitième et le

neuvième livre contiennent une
étude profonde de l'amitié, ou plutôt
de l'affection : Personne, y est-il
dit, n'accepterait de vivre sans
amis, à condition d'avoir tous les
autres biens, etc., VIII, 1; IX, 11.
Il n'est pas probable que Cicéron se
soit inspiré directement des œuvres
d'Aristote; mais il a sans doute
connu des ouvrages qui y avaient
fait de larges emprunts.

8. *Loqui ut tecum*. Les avantages de l'amitié sont indiqués un
peu au hasard, et les plus grands,
pêle-mêle, avec de moins notables.

9. *Fructus* vient de *frui* et en
conserve ici le sens. Quant à la
pensée, Aristote l'a exprimée avec
plus de délicatesse et de profondeur. Il examine si les amis sont
plus utiles dans la prospérité ou
dans l'infortune : il ne se prononce
pas; mais il fait observer que s'ils
sont plus nécessaires dans le malheur, il est d'une âme noble de
prendre plus de plaisir à leur faire
partager la bonne fortune, et de
leur communiquer ses peines comme
à regret. *Éthique à Nicomaque*,
IX, 11.

difficile esset sine eo, qui illas gravius etiam quam tu
ferret. Denique ceteræ res, quæ expetuntur, opportunæ
sunt singulæ rebus fere singulis[1] : divitiæ, ut utare; opes,
ut colare[2]; honores, ut laudere; voluptates, ut gaudeas ;
valetudo, ut dolore careas et muneribus fungare corporis :
amicitia res plurimas continet[3]; quoquo te verteris præsto
est, nullo loco excluditur, nunquam intempestiva, nunquam molesta est; itaque non aqua, non igni, ut aiunt,
locis pluribus[4] utimur quam amicitia — neque ego
nunc de vulgari aut de mediocri[5], quæ tamen ipsa et
delectat et prodest, sed de vera et perfecta loquor, qualis
eorum, qui pauci nominantur, fuit — nam et secundas
res splendidiores facit amicitia et adversas partiens communicansque[6] leviores.

1 *Rebus fere singulis*. Les
autres biens ne servent guère qu'à
une seule chose à la fois; un seul,
singulæ, n'est bon que pour un
seul but, *singulis*.

2. *Opes ut colare*, la puissance
assure la considération, les hommages, les respects d'une clientèle
nombreuse, etc. Le mot *opes* est un
de ceux qui, renfermant une idée
très-complexe, ne se traduisent jamais très-exactement en français
par un seul terme : il résume tous
les moyens d'action, d'influence que
pouvaient assurer à Rome de
grandes richesses, un grand talent,
une grande situation politique.
Voir plus bas, XIV, 51, *opibus et
copiis*. Voir VIII, 26, le sens de
colere.

3. *Res plurimas continet*, elle
enferme; elle porte en elle le plus
grand nombre d'avantages, *plurimas commoditates*, comme on
lit plus bas, VII, 23. Et ces avantages, ajoute Cicéron, servent par-

tout, *nullo loco excluditur*, et
toujours, *nunquam intempestiva*, etc.

4. *Pluribus locis*, en plus d'occasions. L'eau et le feu sont les
choses les plus utiles à la vie, et
l'on connaît le sens de cette formule de proscription : « aqua et igni
interdicere. » Plutarque a dit aussi:
L'ami est plus nécessaire, suivant
le proverbe, que l'eau et le feu.

5. *Vulgari.... mediocri*. Cette
distinction de deux sortes d'amitié,
l'une vulgaire et qui mérite à peine
ce nom (mediocri), l'autre parfaite,
reviendra constamment dans le
cours de l'ouvrage. Cicéron incline
à la confondre avec une autre distinction politique : il assignerait volontiers la première aux hommes
d'État de son parti ; et laisserait la
seconde aux gens obscurs ou mal
pensants.

6. *Partiens communicans-
que*. *Partiri*, partager, « eis dare
partem » ; *communicare* signifie à

VII. Elle empêche les faiblesses et les découragements : elle triomphe de l'absence et même de la mort. Sans elle, c'est-à-dire sans l'affection, la société ne peut se maintenir, et la haine et la discorde renversent les États les plus puissants. Comme le dit Empédocle, l'amitié est le lien de toute chose. Aussi les traits de dévouement dans l'amitié excitent-ils l'admiration des hommes, même au théâtre.

23. Quumque plurimas et maximas commoditates amicitia contineat, tum illa[1] nimirum præstat omnibus, quod bonam spem prælucet[2] in posterum nec debilitari animos aut cadere patitur. Verum etiam amicum[3] qui intuetur, tanquam exemplar aliquod intuetur sui. Quocirca et absentes adsunt[4] et egentes abundant et imbecilli valent et, quod difficilius dictu est[5], mortui vivunt[6]: tantus eos

la fois donner ou prendre une part; le premier sens convient mieux ici; toutefois le second peut se défendre, et au fond ne se distingue guère de l'autre : quand une chose est absolument commune à deux hommes, chacun des deux prend et donne à la fois sa part. Voir plus bas, VII, 24, et XIX, 70. Remarquez que cette réflexion ne paraît pas à sa place et se trouverait mieux quelques lignes plus haut : *quis esset tantus fructus*, etc.

1. *Illa* peut être ou le sujet ou le complément indirect de *præstat*. Dans le premier cas, on a *illa (commoditas) præstat omnibus (commoditatibus)*; dans le second : *amicitia præstat illa (commoditate)* et alors *omnibus* est au neutre. Cette dernière construction est la meilleure, puisque *amicitia* reste le sujet de *prælucet*.

2. *Bonam spem prælucet.* Le verbe *prælucere* est neutre dans la latinité classique : aussi aurait-on écrit ce passage : *bona spe præ-*

lucet. Mais il n'y a pas lieu de corriger Cicéron.

3. *Verum amicum,* un véritable ami, comme plus haut *vera amicitia : «* Lorsque nous voulons voir notre visage, dit Aristote, nous le regardons dans un miroir; de même, pour nous connaître nous-même, c'est en notre ami qu'il faut nous regarder, puisqu'il est, comme on dit, un autre moi, ἕτερος ἐγώ. » *Grande morale,* II, 15.

4. *Absentes adsunt,* parce qu'on pense à eux; ou, plus subtilement, parce que l'ami n'a qu'à se regarder lui-même pour se trouver en présence de celui qu'il aime. *Quocirca* semble, en effet, indiquer que cette pensée est une conséquence de la précédente, mais *egentes abundant,* qui vient ensuite, ne peut s'y rattacher.

5. *Quod difficilius dictu,* littéralement : plus difficile à dire, et, par extension, plus difficile à croire.

6. *Mortui vivunt.* Ces rapprochements de mots *absentes ad*

honos, memoria, desiderium prosequitur amicorum [1]; ex
quo illorum beata mors videtur, horum vita laudabilis.
Quod si [2] exemeris ex rerum natura benevolentiæ conjunctionem, nec domus ulla nec urbs stare poterit, ne
agri quidem cultus permanebit [3]. Id [4] si minus intelligitur, quanta vis amicitiæ concordiæque sit ex dissensio-
nibus atque ex discordiis perspici potest: quæ enim domus
tam stabilis, quæ tam firma civitas [5] est, quæ non odiis
.t discidiis [6] funditus possit everti? ex quo quantum boni
it in amicitia [7] judicari potest.

24. Agrigentinum [8] quidem doctum quemdam virum
arminibus Græcis vaticinatum [9] ferunt, quæ in rerum

---

sunt, etc., constituent une figure de
mots qu'on appelle en grec ὀξύμωρον,
et qui se définit: « quo repugnantia
acute componuntur. » Voir plus haut
vita vitalis.

1. *Tantus..... amicorum.* Explication de la dernière assertion *mortui vivunt;* leurs amis les honorent,
se souviennent d'eux, et les re-
grettent. *Honos* résume les signes
de respect qu'on prodigue à leur
mémoire. Voilà pourquoi Lélius
ajoute, avec un peu d'exagération,
qu'ils ont dû bonheur d'être morts,
beata mors.

2. *Quod si,* etc. Lélius continue,
avec les allures libres d'une conversation, à énumérer les avantages de
l'amitié, énumération qu'il a com-
mencée, v, 22 : *Principio qui potest,* etc.; il passe aux résultats politiques qui l'intéressent le plus.

3. *Permanebit.* On ne voit pas,
au premier abord, que la disparition
de l'amitié puisse entraîner des effets
si pernicieux : mais, évidemment,
Cicéron parle ici non plus de l'a-
mitié, dans son sens restreint et

telle que nous l'entendons, mais
des sentiments d'affection en général, *benevolentiæ conjunctionem.*
Peut-être écrivait-il d'après le grec
où le mot φιλία désigne toutes les
manières d'aimer, et n'a-t-il pu se
défendre d'un peu de confusion.

4. *Id,* ce que je viens de dire.

5. *Domus.... civitas.* La famille
et l'État. On a vu un peu plus haut :
domus et urbs, là maison et la
ville.

6. *Discidiis* et non pas *dissi-
diis.* Madvig a prouvé que ce dernier mot n'a jamais été latin.

7. *Amicitia.* Nouvelle acception
du mot *amicitia,* la concorde, l'accord entre les citoyens. C'est en ce
sens qu'Aristote a dit : πολιτικὴ δὲ
φιλία φαίνεται ἡ ὁμόνοια (*Éthique à
Nicomaque,* IX, 6).

8. *Agrigentinum.* Empédocle
d'Agrigente, auteur d'un grand
poëme philosophique, περὶ τῆς φύ-
σιως, dont il reste des fragments.

9. *Vaticinatum.* Il a écrit en vers
et avec une sorte d'enthousiasme religieux. Sens primitif du mot *vates.*

natura totoque mundo [1] constarent quæque moverentur [2],
ea contrahere amicitiam, dissipare discordiam [3]; atque
hoc quidem omnes mortales et intelligunt et re probant.
Itaque, si quando aliquod officium exstitit amici in peri-
culis aut adeundis aut communicandis [4], quis est qui id
non maximis efferat laudibus? Qui clamores tota cavea [5]
nuper in hospitis et amici mei M. Pacuvii [6] nova fabula
quum, ignorante rege uter Orestes esset, Pylades Orestem
se esse diceret, ut pro illo necaretur, Orestes autem, ita
ut erat, Orestem se esse perseveraret [7]. Stantes [8] plaudebant
in re ficta: quid arbitramur in vera facturos fuisse? Facile
indicabat ipsa natura vim suam, quum homines, quod
facere ipsi non possent, id recte fieri in altero judicarent.
Hactenus mihi videor de amicitia quid sentirem, potuisse
dicere: si qua præterea sunt — credo autem esse multa
—, ab iis, si videbitur, qui ista disputant, quæritote.

25. *Fannius.* Nos vero a te potius: quanquam etiam

1. *Rerum natura* s'applique
plus particulièrement à ce monde,
et aux phénomènes dont nous
sommes les témoins; *toto mundo*,
l'univers entier.

2. *Constarent.... moverentur*,
l'existence et le mouvement.

3. *Discordiam.* Les deux principes qui expliquent le monde
sont pour Empédocle φιλότης et
νεῖκος, l'attraction et la répulsion,
et, dans un sens moral, l'amour et
la haine.

4. *Communicandis*, quand il s'a-
git de s'exposer seul au danger ou
d'en prendre sa part. Sur le double
sens de *communicare* voir plus
haut, VI, 22, et plus bas, XIX, 70.

5. *Cavea*, l'intérieur de l'amphi-
théâtre, formant une sorte de cavité

en forme d'ellipse, où se trouvaient
les rangées de siéges en gradins.

6. *Pacuvii.* Pacuvius, né à Brindes
vers 219 av. J.-C., auteur tragique,
ami de Lélius et de Scipion. La
scène à laquelle il est fait allusion
est tirée de l'*Oreste.* Elle est ra-
contée dans le *De finibus*, II, 24, 79.

7. *Perseveraret*, continuait à
affirmer, affirmait jusqu'au bout,
constanter asseveraret.

8. *Stantes.* Les spectateurs de-
bout. Cicéron veut-il dire qu'ils
s'étaient levés pour applaudir, suivant l'usage; ou qu'en ce temps il
n'y avait pas de siéges? Le premier
sens est plus plausible; mais il implique une légère inadvertance; car,
au temps de Pacuvius, il n'y avait
pas de siéges au théâtre.

ab istis sæpe quæsivi et audivi non invitus equidem, sed aliud quoddam filum[1] orationis tuæ.

Scævola. Tum magis id diceres, Fanni, si nuper in hortis Scipionis, quum est de re publica disputatum, adfuisses[2] : qualis tum patronus[3] justitiæ fuit contra accuratam orationem Phili !

Fannius. Facile id quidem fuit justitiam justissimo viro defendere.

Scævola. Quid amicitiam? Nonne facile ei, qui ob eam summa fide, constantia justitiaque servatam maximam gloriam ceperit ?

VIII. De l'origine de l'amitié. Les hommes la recherchent-ils par intérêt et comme un appui pour leur faiblesse? non. La puissance d'aimer est spontanée et ne comporte aucune réflexion, aucun calcul. Cette force apparaît même chez certains animaux très-attachés à leurs petits : elle éclate chez l'homme, et dans les affections de famille et dans les amitiés électives qui réunissent deux âmes par l'attrait de la vertu. La vertu est en effet si aimable qu'elle nous fait aimer des gens que nous n'avons jamais vus, et même des ennemis.

26. *Lælius.* Vim hoc quidem est afferre[4] : quid enim refert qua me ratione cogatis? cogitis certe; studiis[5] enim generorum, præsertim in re bona, quum difficile est tum ne æquum quidem obsistere[6]. Sæpissime igitur mihi de

1. *Aliud quoddam filum.* Le fil qui forme le tissu et, par suite, le tissu lui-même, l'étoffe, et, au figuré, la manière de traiter une œuvre, le style, la forme. Le « fil du discours » exprime en français une idée très-différente, l'ordre des pensées et non leur substance.

2. *Adfuisses.* Allusion à l'entretien qui sert de cadre au livre intitulé *De Republica.*

3. *Patronus.* Dans ce traité, Lélius se faisait l'avocat de la justice, et prouvait contre Philus que la distinction du bien et du mal est naturelle.

4. *Vim.... afferre*, c'est me faire violence.

5. *Studiis*, désir, demande empressée.

6. *Obsistere.* La résistance est difficile : il est en effet naturel que

amicitia cogitanti maxime illud considerandum videri
solet, utrum propter imbecillitatem atque inopiam[1] desi-
derata sit amicitia, ut dandis recipiendisque meritis[2],
quod quisque minus per se[3] ipse posset[4], id acciperet ab
alio vicissimque redderet; an esset hoc quidem proprium
amicitiæ[5], sed antiquior[6] et pulchrior et magis a natura[7]
ipsa profecta alia causa : amor enim, ex quo amicitia[8]
nominata est, princeps[9] est ad benevolentiam conjun-

Lélius fasse plaisir à ses gendres ; elle
n'est pas équitable, parce que leurs
désirs sont légitimes, *in re bona.*

1. *Imbecillitatem atque inopiam.* La question est celle-ci :
l'amitié a-t-elle pour origine un sentiment intéressé, le calcul d'un être
qui se sent faible, ou bien une inclination de notre nature ? La première opinion est celle des épicuriens, et en général des écoles matérialistes, comme celles d'Abdère et
de Cyrène ; la seconde est commune
aux disciples de Platon et à ceux
d'Aristote. Il est à remarquer, toutefois, que Platon assigne le besoin
pour origine à la société, et fait de
la pauvreté la mère de l'amour.
Voir plus bas, IX, 29. *Imbecillitas*
et *inopia* ne diffèrent guère que
comme la faiblesse et son résultat,
à savoir, le manque des choses nécessaires à la vie, *opes,* que la force
seule peut conquérir.

2. *Meritis,* ablatif exprimant le
moyen : le résultat cherché s'ob-
tient « par un échange mutuel de
services ».

3. *Per se,* par lui-même, c.-à-d.
réduit à ses propres forces. Voir plus
bas *per se* et *propter se.*

4. *Posset* exprime ici le pouvoir
d'obtenir, d'arriver à une fin.

5. *Proprium amicitiæ.* Cet é-
change de services, Cicéron l'accorde,

est un avantage propre de l'amitié ;
mais il soutient que c'est un résultat,
et non une cause.

6. *Antiquior causa.* L'adjectif
antiquus, qui exprime tantôt l'an-
cienneté, tantôt la valeur des choses,
est pris ici dans le dernier de ces
deux sens. La cause dont Cicéron
va parler n'est pas plus ancienne,
puisqu'elle est unique ; mais elle
est meilleure et plus belle que l'intérêt personnel.

7. *A natura.* Elle est plus naturelle, c'est-à-dire qu'elle consiste en
un instinct primitif. L'égoïsme, au
contraire, suppose un calcul et de
l'expérience.

8. *Amor, amicitia. Amor,* c'est la
puissance d'aimer, le principe de
toutes les affections, l'amour, au sens
général du mot. *Amicitia* n'est
qu'une forme de ce sentiment. Lélius semble tourner dans un cercle
en disant que la faculté d'aimer est
la cause de l'amitié ; mais il veut
marquer qu'il n'y a pas d'autre raison d'aimer, qu'il faut chercher l'o-
rigine de l'amitié dans un penchant
de notre âme qui exclut ou devance
tout calcul intéressé. D'ailleurs l'a-
micitia de Cicéron est une liaison
dans laquelle il entre bien d'autres
éléments que l'amour.

9. *Princeps.* L'amour donne la
première impulsion : il rapproche

gendam ; nam utilitates quidem etiam *ab* iis percipiuntur
sæpe, qui simulatione amicitiæ coluntur et observantur[1]
temporis causa[2]; in amicitia autem nihil fictum est, nihil
simulatum, et, quidquid est, *id* est verum et voluntarium[3].

27. Quapropter a natura mihi videtur potius quam ab
indigentia orta amicitia, applicatione magis animi[4] cum
quodam sensu amandi quam cogitatione quantum illa
res[5] utilitatis esset habitura. Quod quidem[6] quale sit etiam

les cœurs ; d'autres causes les uni-
ront davantage, comme on le dira
bientôt. *Benevolentia* signifie par
étymologie le désir du bien d'autrui,
sentiment qui est non-seulement
l'effet de l'amour, comme le dit
Cicéron, mais encore son essence et
sa définition. Toutefois il ne s'agit
ici que de la première union des
cœurs.

1. *Coluntur et observantur.* Le
premier de ces verbes exprime les
effets positifs de la puissance, les
honneurs et le respect qui entou-
raient à Rome les grands personnages (*opes ut colare*); le second
marque les signes extérieurs de la
déférence, les hommages d'un caractère purement honorifique. Il faut,
pour entendre ces mots, se figurer
l'existence des chefs des grandes
familles romaines, entourés de leurs
parents, proches ou éloignés, et de
leurs clients qui composaient une véritable cour.

2. *Temporis causa.* Ce sont des
amitiés de circonstance : « Hæ sunt
amicitiæ quas *temporarias* populus appellat » (Sénèque, LETTRE IX.)
L'intérêt, veut dire Cicéron, est si peu
l'essence de l'amitié, que les fausses
amitiés rapportent autant que les
vraies. L'hypocrisie de ses amis

n'empêche pas un homme de tirer
d'eux le même profit que s'ils étaient
sincères; il y a bénéfice, mais non
pas amitié : *in amicitia nihil
fictum.*

3. *Voluntarium* est opposé à
simulatum, comme *verum* à *fictum*:
il signifie ici un sentiment qui est
spontané et, par suite, sincère. La
conjonction *et* est ici plutôt adver-
sative comme *sed* que copulative,
sens fréquent après une proposition
négative.

4. *Applicatione animi*, attachement du cœur, expression qu'on ne
rencontre pas ailleurs chez Cicéron,
mais analogue à celle-ci : « applicant se et propius admovent. » Voir
plus bas IX, 32.

5. *Illa res.* Cette union, cette affaire, semble dire Cicéron, puisqu'il
s'agit de calculer le profit.

6. *Quod quidem*, ce dont je parle,
l'origine naturelle de l'amitié; ce
mot est répété dans le même sens
vague au commencement de la phrase
suivante. — Remarquez l'emploi fréquent de *quidem* que l'on peut lire
sept ou huit fois dans les dernières
lignes, et le plus souvent avec un
pronom, *id quidem*, *hoc quidem*,
quod quidem, fréquemment avant
une proposition contraire à celle

in bestiis quibusdam animadverti potest, quæ ex se natos
ita amant ad quoddam tempus et ab eis ita amantur, ut
facile earum sensus appareat[1]. Quod in homine multo est
evidentius[2], primum ex ea caritate, quæ est inter natos
et parentes, quæ dirimi nisi detestabili scelere non potest;
deinde quum similis sensus exstitit amoris, si aliquem
nacti sumus, cujus cum moribus et natura[3] congruamus,
quod in eo quasi lumen aliquod probitatis[4] et virtutis
perspicere videamur.

28. Nihil est enim virtute amabilius[5], nihil quod magis
alliciat ad diligendum, quippe quum propter virtutem et
probitatem etiam eos, quos nunquam vidimus, quodam
modo diligamus. Quis est qui C. Fabricii, M. Curii[6] non
cum caritate aliqua benevola memoriam usurpet[7], quos
nunquam viderit? Quis autem est qui Tarquinium Super-

dont il fait partie : *non invitus
equidem, sed — hoc quidem... sed
— utilitates quidem... in amicitia
autem.* Voir plus haut IV, 14.

1. *Appareat.* Il y a donc chez certains animaux un instinct naturel
qui ressemble à l'amour. Aristote
le désigne même par le mot φιλία.

2. *Evidentius.* Ce qui est plus
évident chez l'homme, c'est la nature
toute spontanée des affections. Lélius en donne deux preuves : *Primum*, l'attachement réciproque des
parents et des enfants; *deinde*, la
sympathie pour quelques-uns de
nos semblables, sentiment analogue
au premier, *similis sensus.*

3. *Moribus et natura*, d'un seul
mot, le caractère : ensemble de qualités acquises, *mores*, et innées, *natura.* Cette conformité de caractère
(*congruamus*) est-elle nécessaire
à la formation de l'amitié? Remarquez qu'elle ne porte que sur un at-

tachement commun à la vertu, *quod
in eo*, etc.

4. *Lumen aliquod probitatis.*
Voir plus bas, VIII, 28, et IX, 32.

5. *Virtute amabilius.* La vertu
par elle-même est aimable; c'est
une vérité que Platon a répétée de
toutes les façons, puisqu'il fait du
bien le seul objet du véritable
amour; et qu'Aristote a exprimée
et très-nettement caractérisée dans
sa belle définition de l'amitié : « un
choix réciproque de choses absolument belles et agréables, qu'on recherche uniquement parce qu'elles
sont belles et agréables en soi, »
Morale à Eudème, VII, 2, 34.

6. *C. Fabricii, M. Curii.* Voir
plus haut, V, 18.

7. *Memoriam usurpet.* Usur-
pare, comme on l'a déjà dit, signifie
« pratiquer, aimer à se servir de ».
Certains grammairiens en font le
fréquentatif de *uti.*

bum, qui Sp. Cassium, Sp. Mælium[1] non oderit? Cum duobus ducibus de imperio in Italia est decertatum, Pyrrho et Hannibale : ab altero propter probitatem ejus non nimis alienos animos habemus, alterum propter crudelitatem semper hæc civitas oderit.

IX. C'est donc la vertu qui rapproche d'abord les âmes : les services mutuels, le dévouement et l'habitude fortifient ensuite l'amitié ; si le besoin de trouver un appui est la cause de nos attachements, comment expliquer que les hommes les plus forts soient les plus ardents à aimer? L'amitié n'est pas un trafic : elle ne peut être ravalée à ce niveau que par des gens qui rapportent tout à leur plaisir. Elle a des effets favorables à nos intérêts, mais elle ne change pas avec eux.

29. Quod si tanta vis probitatis est, ut eam vel in eis, quos nunquam vidimus, vel, quod majus[2] est, in hoste etiam diligamus, quid mirum est, si animi hominum moveantur, quum eorum, quibuscum usu conjuncti esse possunt, virtutem et bonitatem perspicere videantur[3]? quanquam[4] confirmatur amor et beneficio accepto et studio perspecto et consuetudine adjuncta[5], quibus rebus ad illum primum motum animi et amoris[6] adhibitis admira-

1. *Sp. Cassium, Sp. Mælium.* Cassius Vécellinus proposa en 267 la première loi agraire ; les patriciens le firent précipiter du haut de la roche Tarpéienne. Sp. Mélius, pour des causes analogues, avait bien antérieurement été tué en plein forum par Servilius Ahala (315 av. J. C.). Le parti des *Optimates* les avait accusés d'aspirer à la royauté et s'appliqua à faire maudire leur mémoire.

2. *Majus,* dans le même sens que l'on dit familièrement en français : ce qui est plus fort.

3. *Videantur,* c.-à-d. *sibi videantur,* ils croient discerner. D'ailleurs *perspicere videantur* équivaut presque à *perspiciant.* Voir XXVI, 99.

4. *Quanquam* indique ici une concession. Lélius ne veut pas nier que l'intérêt ne contribue à resserrer les liens de l'amitié.

5. *Consuetudine adjuncta.* Trois causes fortifient donc l'affection naturelle : la reconnaissance, la certitude d'être aimé avec dévouement (*studio*), et l'habitude.

6. *Animi et amoris.* Ces deux mots traduisent-ils deux idées,

bilis quædam exardescit benevolentiæ magnitudo; quam
si qui putant ab imbecillitate proficisci, ut sit per quem
assequatur quod quisque desideret, humilem sane relin-
quunt et minime generosum [1], ut ita dicam, ortum amicitiæ, quam ex inopia atque indigentia [2] natam volunt:
quod si ita esset, ut quisque minimum esse in se [3] arbi-
traretur, ita ad amicitiam esset aptissimus, quod longe
secus est.

30. Ut enim quisque sibi plurimum confidit et ut quisque maxime virtute et sapientia sic munitus est, ut nullo
egeat [4] suaque omnia in se ipso posita judicet, ita in
amicitiis expetendis colendisque maxime excellit. Quid
enim? Africanus indigens mei? minime hercule! ac ne
ego quidem [5] illius: sed ego admiratione quadam virtutis
ejus, ille vicissim opinione fortasse nonnulla, quam de
meis moribus habebat, me dilexit [6]; auxit benevolentiam

ce sens que le premier mouvement
de l'âme est aussi un mouvement
d'amour; ou bien, comme il arrive
souvent, une seule idée complexe
(ἓν διὰ δυοῖν), « le mouvement de
l'âme aimante »? La première interprétation est un peu subtile, mais
il ne faut pas abuser de la seconde qu'on pourrait appliquer à
chaque page. Quant à *animus*, son
sens est déterminé par ces mots
de la phrase précédente : *si animi
hominum moveantur;* c'est l'âme,
en tant qu'elle est le principe des
sentiments, le cœur.

1. *Generosum*, au sens propre,
la race noble.

2. *Inopia atque indigentia*. Cicéron affecte ces redoublements
de substantifs à peu près synonymes;
il est toujours difficile de dire si le
second ajoute une idée au premier,
ou s'il n'y est joint que pour in-

sister. *Inopia*, c'est la privation de
tout ce qu'on appelle *opes*. *Indigentia*, c'est l'effet douloureux de cette
détresse; le dénûment d'un côté et
le besoin de l'autre, un fait matériel
et un sentiment. Voir ci-dessus dans
un ordre inverse *imbecillitas* et *inopia* (VIII, 26). Platon dit dans le
Banquet : L'amour est le fils de
Penia (la pauvreté, *inopia*), et,
comme il tient de sa mère, il loge
toujours avec lui le besoin (*indigentia*) (Ch. XXXIII).

3. *Minimum esse in se*, qu'il a
le moins de ressources, de forces.
Voir plus bas, XIII, 46.

4. *Nullo egeat*, qu'il n'ait besoin
de personne.

5. *Ne ego quidem*, ni moi non
plus.....

6. *Dilexit* exprime un sentiment
plus raisonné que *amavit*, et tenant
plus du choix et de la réflexion.

consuetudo. Sed quanquam utilitates multæ et magnæ
consecutæ sunt[1], non sunt tamen ab earum spe causæ
diligendi profectæ.

31. Ut enim benefici liberalesque sumus, non ut exigamus gratiam — neque enim beneficium feneramur[2], sed
natura propensi ad liberalitatem sumus —, sic amicitiam
non spe mercedis adducti, sed quod omnis ejus fructus in
ipso amore inest, expetendam putamus.

32. Ab his, qui pecudum ritu ad voluptatem omnia re-
ferunt, longe dissentiunt[3], nec mirum; nihil enim altum,
nihil magnificum ac divinum suspicere possunt, qui suas
omnes cogitationes abjecerunt in rem tam humilem
tamque contemptam. Quamobrem hos quidem[4] ab hoc
sermone removeamus, ipsi autem intelligamus natura
gigni sensum diligendi et benevolentiæ caritatem, facta
significatione probitatis[5] : quam qui appetiverunt, applicant se[6] et propius admovent, ut et usu ejus, quem
diligere cœperunt, fruantur et moribus ; suntque pares
in amore et æquales[7] propensioresque ad bene merendum
quam ad reposcendum, atque hæc inter eos est honesta

---

1. *Consecutæ sunt*, ont été la
conséquence de cette liaison.

2. *Exigamus*, *feneramur*.
Termes techniques : faire des ren-
rées et prêter à usure.

3. *Ab his... dissentiunt*, ils sont
très-éloignés de ce sentiment. *Ilis*
est au neutre ; *qui*, ce sont les épicuriens ou les partisans, quels
qu'ils soient, de la morale du plaisir.

4. *Ilos quidem... ipsi autem.*
Voir plus haut, VIII, 27.

5. *Facta significatione probitatis* . Ce point de doctrine est plus
longuement traité ci-dessous,
XIV, 48 et sqq.

6. *Applicant se*, voir ci-dessus :
applicatione animi, VIII, 27, et
plus bas, XIV, 49. *Quam* se rapporte
à *probitatis*.

7. *Pares et æquales*. Ces deux
adjectifs expriment la ressemblance
et s'emploient souvent l'un pour
l'autre. Cependant *par* désigne plus
particulièrement la ressemblance ou
même l'égalité, sous le rapport de la
quantité, et *æqualis* l'analogie ou
l'identité des qualités. Leur sentiment, dit Cicéron, est de même
force et de même nature, ou plus
simplement : ils aiment autant et
de la même manière.

certatio. Sic et utilitates ex amicitia maximæ capientur et erit ejus ortus a natura quam ab imbecillitate gravior et verior[1]; nam si utilitas amicitias conglutinaret, eadem commutata dissolveret, sed quia natura[2] mutari non potest, idcirco veræ amicitiæ sempiternæ sunt. Ortum quidem amicitiæ videtis, nisi quid ad hæc forte vultis.

Fannius. Tu vero perge, Læli; pro hoc enim, qui minor est natu, meo jure respondeo.

33. *Scævola.* Recte tu quidem[3] : quamobrem audiamus.

X. Des causes qui empêchent les amitiés de durer toujours : l'adversité, l'inconstance, l'âge, les compétitions d'honneurs ou de richesses, les exigences coupables de certains hommes qui veulent tout obtenir de leurs amis et ne leur pardonnent pas un refus légitime.

Lælius. Audite vero, optimi viri, ea, quæ sæpissime inter me et Scipionem de amicitia disserebantur: quanquam[4] ille quidem nihil difficilius esse dicebat quam amicitiam usque ad extremum vitæ diem permanere; nam vel ut non idem expediret[5] incidere sæpe, vel ut de re publica non idem sentiretur[6]; mutari etiam

1. *Gravior et verior.* Cette doctrine est plus digne au point de vue moral, *gravior*, — opposé à *humilis* et *minime generosus* qu'on a vus un peu plus haut — et elle est plus vraie.

2. *Natura,* les lois de notre nature elle-même, ou plus généralement, la nature.

3. *Recte tu quidem.* Il est inutile de faire remarquer que les personnages du dialogue y jouent un rôle très-effacé et n'y figurent qu'à de rares intervalles, pour donner quel-

ques répliques insignifiantes et de nature à ralentir le discours, qui est plutôt une *dissertatio* qu'une *disputatio.*

4. *Quanquam* annonce une restriction à cette pensée du chapitre précédent : « veræ amicitiæ sempiternæ sunt. » *Ille quidem,* en grec οὗτός γε. Voir VIII, 27.

5. *Non idem expediret,* qu'on n'eût pas les mêmes intérêts.

6. *Non idem sentiretur* : la définition de l'amitié, VI, 20, exclut tout dissentiment politique.

mores hominum sæpe[1] dicebat, alias adversis rebus, alias
ætate ingravescente[2]. Atque earum rerum[3] exemplum
ex similitudine capiebat ineuntis ætatis[4], quod summi
puerorum amores sæpe una cum prætexta toga ponerentur[5].

34. Sin autem ad adolescentiam[6] perduxissent, dirimi
tamen interdum contentione vel uxoriæ conditionis[7] vel
commodi alicujus[8], quod idem adipisci uterque non
posset. Quod si[9] qui longius in amicitia provecti essent[10],
tamen sæpe labefactari, si in honoris contentionem[11] in-
cidissent; pestem enim nullam majorem esse amicitiis
quam in plerisque pecuniæ cupiditatem, in optimis qui-
busque honoris certamen et gloriæ, ex quo inimicitias
maximas sæpe inter amicissimos exstitisse.

35. Magna etiam discidia et plerumque justa[12] nasci,
quum aliquid[13] ab amicis, quod rectum non esset, postu-

1. *Sæpe* modifie *mutari* et s'explique par *alias... alias*.

2. *Ætate ingravescente*, avec les
progrès de l'âge. *Ingravescere* ne
marque pas ici le poids croissant
des années, mais la maturité, le
développement, dans le sens de
crescere.

3. *Earum rerum*, à la fois du
changement de caractère et du progrès de l'âge.

4. *Ineuntis ætatis*, le commencement de l'âge viril, *ætas*, en grec
ἥβη, la jeunesse. *Exemplum* : plutôt une preuve qu'un exemple.

5. *Ponerentur* : les jeunes gens
déposaient la prétexte vers la seizième année. Voir plus haut, I, 1.

6. *Adolescentiam*. Ce mot désigne
une période de la vie plus longue
que ne l'indique le mot français
« adolescence », celle qui va de
ize a trente ans et même plus tard.

7. *Uxoriæ conditionis*, un parti,
dans le sens de mariage. *Conditio*
est un terme de droit, un contrat
avec ses clauses.

8. *Alicujus*, de quelque autre intérêt. *Aliquis* a souvent ce sens
conforme à l'étymologie *alius quis*.

9. *Quod si*, et même si.

10. *Provecti essent*. S'il en est
qui ont dépassé ce terme, à savoir
l'adolescence, sans cesser d'aimer,
in amicitia. On peut entendre
aussi : qui ont poussé l'amitié
plus loin.

11. *In honoris contentionem*.
Contentio marque à la fois l'effort
et la rivalité, comme l'indique plus
bas *certamen*.

12. *Plerumque justa*, le plus souvent légitimes (de la part de ceux
qui refusent).

13. *Aliquid* s'explique par *ut...
essent*, qui vient après.

laretur[1], ut aut libidinis ministri aut adjutores[2] essent
ad injuriam, quod qui recusarent, quamvis honeste id
facerent, jus tamen amicitiæ[3] deserere arguerentur[4] ab
iis, quibus obsequi nollent; illos autem, qui quidvis ab
amico auderent postulare, postulatione ipsa profiteri omnia se amici causa esse facturos; eorum querela[5] inve-
terata non modo familiaritates exstingui solere, sed odia
etiam gigni sempiterna : hæc ita multa quasi fata[6] impendere amicitiis, ut omnia subterfugere non modo sapientiæ, sed etiam felicitatis diceret sibi videri.

XI. Il y a des choses que des amis ne doivent ni se demander ni
s'accorder : criminelle complaisance de C. Blossius pour Tib.
Gracchus. Ce n'est pas ainsi que les grands hommes du temps
passé comprenaient l'amitié.

36. Quamobrem id[7] primum videamus, si placet[8],
quatenus amor in amicitia progredi debeat[9]. Numne[10],

1. *Postularetur* exprime une demande très-instante, une sorte de
réclamation.
  Ministri aut adjutores. Ces
substantifs impliquent tous deux
l'idée de complicité; mais le *mi-
nister* (*manus*, main) exécute
l'acte coupable; *l'adjutor* le fa-
cilite seulement et pas toujours de
sa personne.
3. *Jus... amicitiæ*, le droit, non
pas celui qu'on peut revendiquer,
mais celui qu'on ne doit pas violer.
On pourrait traduire ce mot en ce
passage par le devoir.
4. *Argui*, être convaincu et non
pas seulement accusé.
5. *Querela* signifie une plainte;
mais la plainte continue implique
le mécontentement ou la rancune.
Voir I, 12.

6. *Hæc... quasi fata. Hæc*, ce
dont on vient de parler, les causes
de brouille. *Quasi fata* doit se construire avec *impendere*, ce sont
des malheurs suspendus sur l'amitié; — *ita* est en rapport avec *ut*,
qui vient après.
7. *Id* annonce la proposition suivante.
8. *Si placet*, simple formule de
politesse : si vous le voulez, comme
en grec εἰ δοκεῖ.
9. *Progredi debeat*, jusqu'à quel
point on doit aimer ses amis, jusqu'où peut aller l'affection, *amor*,
qu'on serait tenté de traduire ici
par dévouement,
10. *Numne.* Formule interrogative
peu usitée. On en trouve deux exemples dans cet opuscule et un autre
dans le *De natura deorum*.

si Coriolanus habuit [1] amicos, ferre contra patriam arma illi cum Coriolano debuerunt? Num Vecellinum amici regnum appetentem, num Mælium [2] debuerunt juvare?

37. Tiberium quidem Gracchum rempublicam vexantem a Q. Tuberone [3] æqualibusque amicis derelictum [4] videbamus. At C. Blossius [5] Cumanus, hospes familiæ vestræ, Scævola, quum ad me, quod aderam Lænati et Rupilio consulibus in consilio, deprecatum [6] venisset, hanc ut sibi ignoscerem causam afferebat, quod tanti Tib. Gracchum fecisset, ut quidquid ille vellet sibi faciendum putaret. Tum ego : « Etiamne, si te in Capitolium faces ferre vellet? — Nunquam, inquit, voluisset id quidem [7], sed, si voluisset, paruissem. » Videtis quam nefaria vox ! et hercule [8] ita fecit, vel plus etiam quam dixit; non

---

1. *Si habuit.* Le fait qu'il a eu des amis n'est guère douteux; mais on ne l'affirme pas. *Si habuit* équivaut à peu près à *si quos habuit.* Plus simplement, il est pour *haberet* comme *debuerunt* pour *debuissent.*

2. *Vecellinum... Mælium.* Ces deux personnages, odieux à l'aristocratie romaine, ont déjà été cités, VIII, 28.

3. *Tuberone.* Tubéron, fils d'Æmilia, sœur du second Africain, fut l'un des premiers disciples romains du stoïcisme. Son caractère austère le rendit odieux au peuple qui, après la mort de Scipion et par rancune du peu d'apparat des funérailles de ce grand homme, refusa, dit Cicéron, la préture au petit-fils de Paul-Émile, au neveu de Scipion. — A propos de Tib. Gracchus, dont la vie est assez connue, il importe de remarquer la haine profonde que Cicéron a vouée à sa mémoire et à celle de

son frère, et qui lui était commune avec tout le parti des *Optimales.*

4. *Derelictum,* tout-à-fait abandonné. Les amis de son âge, *æqualibus,* dont on parle ici ne peuvent être indiqués avec certitude. Ce ne sont pas C. Carbo ni C. Blossius, restés fidèles à son souvenir. Peut-être Lélius eût-il été embarrassé de les nommer. Voir XII, 41.

5. *C. Blossius* n'est connu que par son amitié pour Tib. Gracchus, et par son goût pour la philosophie stoïcienne, goût qui parait commun à tout ce groupe de démocrates. Il se réfugia auprès d'Aristonicus de Pergame et se tua après la défaite de ce prince. Voyez Plutarque, *T. Gracchus.*

6. *Deprecatum,* demander d'être dispensé d'une charge ou, comme ici, d'être absous d'une accusation.

7. *Id quidem... sed.* Voir VIII, 27.

8. *Hercule ou Hercle,* qu'on a déjà vu plus haut, formule affirmative

enim paruit ille Tib. Gracchi temeritati [1], sed præfuit, nec
se comitem illius furoris [2], sed ducem præbuit. Itaque hac
amentia [3] quæstione nova [4] perterritus in Asiam profugit,
ad hostes se contulit, pœnas rei publicæ graves justas-
que persolvit. Nulla est [5] igitur excusatio peccati, si amici
causa peccaveris ; nam, quum conciliatrix amicitiæ virtutis
opinio [6] fuerit, difficile est amicitiam manere, si a virtute
defeceris.

38. Quod si rectum statuerimus vel concedere amicis
quidquid velint vel impetrare ab iis quidquid velimus,
perfecta quidem sapientia si simus, nihil habeat res
vitii [7], sed loquimur de iis amicis, qui ante oculos sunt [8],

---

fréquemment employée, qui est
sans doute le reste d'une invoca-
tion : « Hercule, assiste-moi, » comme
le prouve la forme *me hercule* aussi
usitée : *me, Hercule, adjuves.*

1. *Temeritati*, projets insensés,
contraires à la raison ; à la fois audace et folie.

2. *Illius furoris* équivaut à *Tib.
Gracchi furoris.* Voir plus haut,
IX, 30, *virtutis ejus*, exemple analogue. *Præfuit* s'oppose à *paruit*,
à peu près comme *dux* à *comes* ;
furor, toute espèce de délire, bon
ou mauvais, suivant le dieu qui
l'inspire.

3. *Hac amentia*, ablatif de la
cause, par suite de son égarement ;
ou mieux ablatif absolu, équivalent
à *quum esset hac amentia.*

4. *Quæstione nova. Quæstio,*
tribunal d'exception, institué pour
un but spécial, et, par suite, procé-
dure de cette commission judiciaire.
Il est possible que le mot *nova* soit
synonyme de *extraordinaria*, terme
consacré, une commission extraordinaire.

5. *Nulla est*, etc. Le véritable
sujet est la proposition suivante
si peccaveris : avoir fait le mal...
n'est pas une excuse.

6. *Virtutis opinio*, l'opinion que
l'on a de ton mérite. Voir ces mêmes mots plus bas, XXVI, 98. Le
raisonnement ne s'applique guère à
l'exemple cité, et au fond il n'est pas
juste : ce n'est pas l'obligé qui en
voudra à son ami d'avoir fait le mal
par dévouement pour lui.

7. *Nihil habeat res vitii.* S'il
s'agissait de gens d'une sagesse
parfaite, « il n'y aurait pas de mal
à cela ». Car jamais ils ne feraient
de demandes coupables.

8. *Qui ante oculos sunt.* Ceux
qui sont à notre portée, près de
nous. Cette expression s'applique
en général aux objets d'une évidence
sensible, qui tombent sous les sens,
et qui, par suite, sont réels, *quos
novit vita communis*, des hommes
comme nous, en opposition avec
l'idéal, l'imaginaire : *ea quæ finguntur aut optantur*, comme on
l'a vu plus haut, V, 18.

quos vidimus aut de quibus memoria[1] accepimus, quos
novit vita communis : ex hoc numero nobis exempla su-
menda sunt, et eorum quidem maxime, qui ad sapientiam[2] proxime accedunt.

39. Videmus[3] Æmilium Luscino[4] familiarem fuisse —
sic a patribus accepimus[5] —, bis una consules, collegas
in censura; tum et cum iis et inter se conjunctissimos
fuisse M. Curium, Tib. Coruncanium memoriæ proditum
est : igitur ne suspicari quidem possumus quemquam
horum ab amico quippiam contendisse[6] quod contra
fidem, contra jusjurandum, contra rem publicam esset.
Nam hoc quidem[7] in talibus viris[8] quid attinet dicere, si
contendisset, impetraturum non fuisse? quum illi sanc-
tissimi viri fuerint, æque autem nefas sit tale aliquid et
facere rogatum et rogare. At vero Tib. Gracchum sequebantur[9] C. Carbo, C. Cato, et minime tum quidem
Caius frater, nunc idem acerrimus[10].

1. *Memoria*, tradition orale.

2. *Sapientiam*, la sagesse idéale,
perfectam, au sens où les stoïciens
l'entendent.

3. *Videmus*, dans un autre sens
que *vidimus*, qu'on vient de lire :
nous savons par la tradition.

4. *Luscino*. Fabricius, dont on a
parlé, comme des autres personnages
ici nommés, v, 18. Cicéron ne varie
pas beaucoup le choix de ses exemples, et, pour ce cas particulier,
les exemples ne prouvent rien. Ils
supposent même la vérité qu'ils devraient confirmer. S'il n'est pas
démontré que les gens de bien ne
demandent à leurs amis rien de
contraire à l'honneur, Cicéron ne
peut pas savoir si ses héros n'ont
jamais fait de pareilles demandes.

5. *A patribus accepimus*. Tradition qui ne remonte pas bien haut,

et dans ce cas *Patres* désigne une
génération que l'on a pu connaître
par soi-même ou par ses parents.
Majores indiquerait une origine
plus reculée. Voir plus haut, II, 6.

6. *Contendisse*, réclamer avec
instance, faire effort pour obtenir.
Voir plus haut, x, 34.

7. *Hoc quidem*. Sur l'emploi répété de *quidem*, qui se trouve pres-
qu'à chaque ligne dans ce passage, et
toujours très-fréquemment dans tous
les autres, voir plus haut, viii, 27.

8. *In talibus viris*, quand il s'a-
git de tels hommes. Voir ci-dessus,
II, 9, *in pueris*.

9. *Sequebantur*, ils étaient de son
parti. Sont-ils de ceux qui, suivant
Cicéron, ont abandonné Tib. Gracchus?

10. *Idem acerrimus*. Caius n'était
pas, alors du moins, partisan de son

XII. Le dévouement à la personne de nos amis ne doit jamais nous entraîner au mal, et c'est une faute de les aider dans toutes leurs entreprises, surtout dans celles qui compromettent le salut public. Les dangers de l'État exigent qu'on punisse avec la dernière rigueur ces coupables liaisons : il faut empêcher les mauvais citoyens de trouver des complices. Exemples de Thémistocle et de Coriolan.

40. Hæc igitur lex in amicitia sanciatur, ut neque rogemus res turpes nec faciamus rogati; turpis enim excusatio[1] est et minime accipienda quum in ceteris peccatis, tum[2] si quis contra rem publicam se amici causa fecisse fateatur. Etenim eo loco, Fanni et Scævola, locati[3] sumus, ut nos longe prospicere oporteat[4] futuros casus rei publicæ : deflexit jam aliquantulum[5] de spatio curriculoque[6] consuetudo majorum.

41. Tib. Gracchus regnum occupare conatus est, vel regnavit is quidem[7] paucos menses : num quid simile

frère, *minime sequebatur.* Aujourd'hui il défend ses idées avec le plus de violence, *acerrimus sequitur*; ou, plus simplement : il n'y a pas d'homme plus violent, plus passionné contre nous, *acerrimus est.*

1. *Turpis excusatio,* l'excuse a quelque chose de honteux comme l'acte lui-même, *res turpes. Minime accipienda,* elle ne doit pas être approuvée.

2. *Quum... tum* marquent parfois une sorte de gradation, comme s'il y avait après le second, *maxime,* qu'on exprime souvent. Voir XXV, 92. Les crimes politiques paraissent à Cicéron plus inexcusables que les autres.

3. *Eo loco... locati,* nous en sommes venus à ce point, telle est notre situation. On sait que le latin

n'évite pas, mais recherche même la réunion des mots de même formation.

4. *Oporteat.* C'est pour nous, *nos,* c'est-à-dire pour les conservateurs, une nécessité morale. *Oportere,* a dit Cicéron, « perfectionem declarat officii ». *Orator,* 22,74.

5. *Aliquantulum,* tant soit peu, quelque peu, sans doute avec une pointe d'ironie.

6. *Spatio curriculoque.* Ces deux mots rappellent les courses de chars; *spatium,* le terrain tout entier, et *curriculum,* la piste. On peut croire qu'il y a là un ἓν διὰ δυοῖν.

7. *Is quidem,* lui du moins n'a pas régné longtemps. Cicéron semble malgré lui penser à d'autres qui ont eu un pouvoir moins éphémère.

populus Romanus audierat aut viderat[1]? Hunc etiam
post mortem secuti amici et propinqui[2] quid in P. Scipione[3] effecerint sine lacrimis non queo[4] dicere. Nam
Carbonem, quocumque modo potuimus, propter recentem
pœnam Tib. Gracchi sustinuimus[5]; de C. Gracchi[6] autem
tribunatu quid exspectem non libet augurari : serpit deinde res[7], quæ proclivius ad perniciem, quum semel cœpit, labitur. Videtis in tabella[8] jam ante quanta sit facta

Voir VIII, 27. On a déjà vu que
l'accusation d'aspirer à la royauté
était le moyen employé par les
Optimates pour rendre suspects à
la plèbe tous ses chefs.

1. *Audierat aut viderat* diffèrent ici comme l'histoire et le temps
présent.

2. *Amici et propinqui.* Cicéron
a cependant affirmé plus haut que
Tib. Gracchus avait été tout-à-fait
abandonné par ses amis : *Derelictum*, XI, 37. Les amis et les proches
auxquels il fait allusion peuvent
être C. Carbon, M. Fulvius et
C. Gracchus, qui tous les trois eu-
rent une fin tragique.

3. *In Scipione.* Allusion à Scipion Nasica, le meurtrier de
C. Gracchus. Il alla mourir à Pergame, où le sénat l'avait envoyé
pour le soustraire au ressentiment
du peuple. Cette indignation et cette
douleur à propos de la destinée d'un
homme violent et d'un séditieux
montrent jusqu'à quel point Lélius,
si ce n'est Cicéron lui-même, était
aveuglé par la passion politique.
In Scipione, locution expliquée
plus haut, II, 9, *in pueris*, et XI,
39, *in talibus viris*.

4. *Non queo.* On a remarqué que
Cicéron n'emploie jamais à cette
personne la forme *nequeo*.

5. *Sustinuimus*, nous l'avons
supporté tant bien que mal; nous
n'avons pas trop souffert de ses entreprises, parce que le châtiment de
Tib. Gracchus était récent et que ce
souvenir le modérait. Autre sens :
nous nous sommes contentés de
supporter ses attaques, d'y résister
passivement, parce que, le châtiment
de Tib. Gracchus étant récent, nous
ne voulions plus recourir à pareille
extrémité. La première interprétation paraît plus conforme au texte.

6. *C. Gracchi.* C. Gracchus, tribun du peuple, fut nommé en 129
av. J. C., l'année même où Scipion
mourut et où ce dialogue est censé
avoir lieu, *triumvir agro divi-
dendo*, avec Fulvius et Carbo.

7. *Serpit deinde res*, le mal depuis lors ne fait que gagner. Il
s'agit probablement des progrès de
la démocratie.

8. *In tabella*, à propos du vote.
On votait dans les comices au moyen
de tablettes ou de bulletins, portant
des lettres équivalentes à oui ou à
non. Ce vote secret fut appliqué en
139, d'après la proposition du tribun
Gabinius, à l'élection des magistrats.
Deux ans après Cassius fit étendre
cette disposition aux jugements de
peuple. Ces deux lois s'appelèrent
leges tabellariæ. Elles étaient dans

labes[1], primo Gabinia lege, biennio autem post Cassia : videre jam videor populum a senatu disjunctum, multitudinis arbitrio res maximas agi; plures enim discent, quemadmodum hæc fiant, quam quemadmodum his resistatur[2].

.42. Quorsum hæc? quia sine sociis[3] nemo quidquam tale conatur. Præcipiendum est igitur bonis[4] ut, si in ejusmodi amicitias ignari casu aliquo inciderint, ne existiment ita se alligatos, ut ab amicis in magna aliqua re peccantibus non discedant; improbis autem pœna statuenda est, nec vero minor iis, qui secuti erunt alterum, quam iis, qui ipsi fuerint impietatis[5] duces. Quis clarior in Græcia Themistocle? quis potentior? qui quum imperator bello Persico servitute Græciam liberavisset propterque invidiam in exsilium expulsus esset, ingratæ patriæ injuriam non tulit, quam ferre debuit : fecit idem quod viginti annis ante apud nos fecerat Coriolanus. His adjutor contra patriam inventus est nemo; itaque mortem sibi uterque conscivit.

l'intérêt du parti démocratique et par suite très-odieuses à Cicéron, qui préfère le vote par la parole au scrutin secret, dans lequel, dit-il, » tabella vitiosum occultaret suffragium », *De legibus*, III, 15, 34. Une troisième *lex tabellaria*, celle de Papirius, devait, à peu de jours du moment où Lélius parle, compléter la réforme en établissant le vote par bulletins pour toutes les propositions législatives : *jam ante* fait prévoir cette nouvelle aggravation d'une mesure qui compromettait l'influence des patriciens.

1. *Labes*, ruine, écroulement.

2. *Resistatur*. Le parti du désordre grossira; celui de la résistance diminuera.

3. *Sociis*, des complices.

4. *Bonis*. Les honnêtes gens. Les expressions *boni*, *clari viri* ont souvent dans la langue de Cicéron une signification politique et désignent presque un parti. « Boni et maii cives appellati, dit Salluste, non ob merita in rem publicam.... sed uti quisque locupletissimus et injuria validior, quia præsentia defendebat, pro bono ducebatur. »

5. *Impietatis*. Les entreprises contre la constitution de l'État sont pour Lélius de vrais sacriléges : dans sa sévérité il n'admet pas même que les hommes égarés, *qui secuti erunt alterum*, soient moins rigoureusement punis que leurs chefs

43. Quare talis improborum consensio non modo excusatione amicitiæ tegenda non est, sed potius supplicio omni vindicanda est, ut ne quis concessum putet amicum vel bellum patriæ inferentem sequi : quod quidem, ut res ire cœpit, haud scio an aliquando futurum sit[1]; mihi autem non minori curæ est, qualis res publica post mortem meam futura, quam qualis hodie sit.

XIII. De deux paradoxes proposés par des philosophes grecs : 1° Il faut aimer avec mesure, et ne pas trop s'inquiéter des autres ; — 2° il faut chercher des amis pour être défendu et assisté. — Critique du premier paradoxe : égoïsme de cette maxime. L'amitié peut avoir ses soucis et ses peines, comme la vertu ; mais on ne doit pas renoncer plus à l'une qu'à l'autre par crainte de la douleur et par amour pour la tranquillité, ou plutôt pour l'insensibilité

44. Hæc igitur prima lex[2] amicitiæ sanciatur, ut ab amicis honesta petamus, amicorum causa honesta faciamus, ne exspectemus quidem, dum rogemur ; studium[3] semper adsit, cunctatio absit, consilium vero dare audeamus libere. Plurimum in amicitia amicorum bene suadentium valeat auctoritas, eaque et adhibeatur ad monendum non modo aperte, sed etiam acriter, si res postulabit, et adhibitæ pareatur[4].

1. *Futurum sit.* Je ne sais pas si cela n'arrivera pas, peut-être cela arrivera ; je crains que cela n'arrive au train dont vont les choses. *Cela,* c'est-à-dire, qu'un homme porte les armes contre la république et trouve des complices pour le suivre. Plus ordinairement *haud scio an futurum sit* signifierait : Peut-être cela n'arrivera pas.

2. *Hæc prima lex.* La première en importance. Cicéron a déjà énoncé cette règle au commencement du chapitre précédent, mais sous une forme négative. Il a dit ce qu'elle défend ; il indique ici ce qu'elle ordonne.

3. *Studium,* l'empressement, opposé à *cunctatio.*

4. *Et adhibitæ pareatur.* Le devoir est double : il oblige ceux qui conseillent et ceux qui sont conseillés. *Adhibitæ* se rapporte ici à *auctoritati* sous-entendu.

45. Nam quibusdam[1], quos audio sapientes habitos in Græcia, placuisse opinor mirabilia quædam[2] — sed nihil est, quod illi non persequantur argutiis — : partim[3] fugiendas esse nimias amicitias[4], ne necesse sit unum sollicitum esse pro pluribus; satis superque esse sibi suarum cuique rerum, alienis nimis implicari molestum esse; commodissimum esse quam laxissimas habenas habere[5] amicitiæ, quas vel adducas quum velis vel remittas; caput enim esse ad beate vivendum securitatem[6], qua frui non possit animus, si tanquam parturiat unus pro pluribus[7].

46. Alios autem dicere aiunt multo etiam inhumanius -- quem locum breviter paulo ante perstrinxi[8] — præ-

1. *Quibusdam.* Quels sont ces Grecs dont Lélius parle avec quelque dédain ? Des philosophes de l'école de Cyrène ont professé cette opinion que l'amitié doit être modérée. Euripide l'expose aussi dans un passage de l'*Hippolyte*, vers 253, que Cicéron paraît avoir en vue, car il en reproduit les expressions. C'est au fond un précepte d'égoïsme.

2. *Mirabilia quædam.* C'est le mot latin qui répond le mieux à l'adjectif παράδοξα, des paradoxes : « Hæc παράδοξα illi, nos admirabilia dicamus. » *De finibus*, IV, 27.

3. *Partim* correspond à *alios* de l'alinéa suivant : Les uns prétendent et les autres, etc. Les deux termes sont la distribution de *quibusdam*.

4. *Nimias amicitias.* Des amitiés trop vives, par opposition à μέτριαι φιλίαι, expression des cyrénaïques et des épicuriens que Cicéron a traduite par *mediocres amicitiæ* (*De finibus*, II, 26, 84), et qui se trouve dans le passage déjà cité d'Euripide où le poëte prend pour devise μηδὲν ἄγαν, rien de trop.

5. *Habenas habere,* non pas: tenir la bride flottante : mais avoir des brides qui prêtent, pour qu'on puisse les tendre, *adducas*, ou les lâcher, *remittas*.

6. *Securitatem.* Le point essentiel, *caput*, c'est la sérénité, l'absence de soucis et d'inquiétudes, εὐθυμίαν, expression de Démocrite, au rapport de Cicéron (*De finibus*, V, 8, 23). Les épicuriens plaçaient aussi le bonheur dans une sorte d'insensibilité, ἀπάθεια, ἀταραξία, ἀπονία, etc., etc.

7. *Parturiat unus pro pluribus.* Traduction de ces mots d'Euripide à propos du même sujet : ὑπὲρ δισσῶν μίαν ὠδίνειν ψυχήν, *Hippolyte*, vers 258. *Pluribus* signifie plus d'un, c'est-à-dire deux. Évidemment Cicéron avait en main quelque texte grec, où les maximes du tragique, qui est aussi un philosophe, étaient critiquées, car il n'y a pas à supposer qu'un Romain s'évertue à réfuter Euripide.

8. *Breviter perstrinxi,* j'ai effleuré en peu de mots; *locum,* ce

sidii adjumentique [1] causa, non benevolentiæ neque caritatis, amicitias esse expetendas; itaque, ut quisque
minimum firmitatis [2] haberet minimumque virium, ita
amicitias appetere [3] maxime : ex eo fieri ut mulier-
culæ magis amicitiarum præsidia quærant quam viri et
inopes quam opulenti et calamitosi quam ii, qui putantur
beati.

47. O præclaram sapientiam! Solem enim e mundo
tollere videntur qui amicitiam e vita tollunt, qua nihil
a dis immortalibus melius habemus [4], nihil jucundius [5].
Quæ est enim ista securitas? specie quidem blanda, sed
reapse multis locis [6] repudianda; neque enim est consentaneum [7] ullam honestam rem actionemve, ne solli-
tus sis, aut non suscipere aut susceptam deponere. Quod
si curam [8] fugimus, virtus fugienda est, quæ necesse est
cum aliqua cura res sibi contrarias aspernetur atque
oderit, ut bonitas malitiam, temperantia libidinem, igna-
viam fortitudo. Itaque videas rebus injustis justos maxime
dolere, imbellibus fortes, flagitiosis modestos. Ergo hoc

point; *paulo ante*, VIII, 29. L'opinion
que Cicéron flétrit comme plus contraire à la nature humaine est toujours celle des écoles matérialistes.

1. *Præsidii adjumentique*, pour
être défendu et assisté. Sur *benevolentia* et *caritas*, voir plus haut,
VI, 20, la définition de l'amitié.

2. *Firmitatis*, la force morale;
virium, la force physique.

3. *Appetere*, désirer ou plutôt
rechercher par instinct.

4. *Habemus*. Ce verbe a parfois
le même sens que *accipere ab*, no-
tamment chez Cicéron.

5. *Melius... jucundius*, bonté
morale d'une part, agrément de
autre.

6. *Multis locis*, en beaucoup de
points, sous beaucoup de rapports.

7. *Neque... consentaneum*, terme de logique : « c'est une inconséquence. »

8. *Curam*, en opposition avec
securitas, le souci, la peine, qui
est en effet inséparable de la vertu
et qui en fait le mérite. On doit
croire d'après la phrase suivante que
pour Cicéron cet effort douloureux
s'applique non pas au travail intérieur de l'âme qui se perfectionne,
mais à la haine contre les vices
d'autrui. Cette discussion est d'une
grande faiblesse ; on soupçonnerait
presque que Cicéron reproduit des
idées qu'il n'a pas bien comprises.

proprium est animi bene constituti [1] et lætari bonis rebus et dolere contrariis.

48. Quamobrem, si cadit in sapientem animi dolor, qui profecto cadit, nisi ex ejus animo exstirpatam humanitatem [2] arbitramur, quæ causa est cur amicitiam funditus tollamus e vita, ne aliquas propter eam suscipiamus molestias? Quid enim interest, motu animi [3] sublato, non dico inter pecudem et hominem, sed inter hominem et truncum aut saxum aut quidvis generis ejusdem? Neque enim sunt isti [4] audiendi, qui virtutem duram et quasi ferream esse quamdam volunt : quæ quidem est quum multis in rebus tum in amicitia tenera atque tractabilis, ut et bonis amici quasi diffundatur et incommodis contrahatur [5]. Quamobrem angor iste, qui pro amico sæpe capiendus est, non tantum valet, ut tollat e vita amicitiam, non plus quam ut virtutes, quia nonnullas curas et molestias afferunt, repudientur [6].

1. *Bene constituti*, une âme bien faite, — ce qui est alors l'œuvre de la nature, — ou plutôt une âme bien formée par la réflexion et la volonté.

2. *Humanitatem*, tout sentiment humain.

3. *Motu animi*, le mouvement de l'âme, c'est-à-dire les inclinations, les penchants, l'affection, tout ce qui tient à une sensibilité naturelle. Voir plus haut, IX, 29.

4. *Isti.* Lélius se détourne contre les stoïciens, qui n'ont pourtant rien a voir dans la discussion.

5. *Diffundatur... et contrahatur.* Double effet de la sympathie qui dilate ou resserre le cœur, suivant qu'elle a pour objet la joie ou la tristesse d'autrui. Ces mots, empruntés à des faits matériels, sont encore aujourd'hui affectés à cet usage, et Jouffroy n'en a pas trouvé d'autres pour décrire les émotions.

6. *Repudientur.* Construction elliptique : *non plus quam curæ et molestiæ, quas virtutes afferunt, tantum valent ut virtutes repudientur.* Le sujet de la proposition sous-entendue paraît être l'idée exprimée dans celle qui commence par *quia.* L'ellipse de *angor* donne une construction plus simple, mais moins conforme à la pensée : *non plus quam angor tantum valet, ut,* etc.

XIV. Réfutation du second paradoxe : Ce qui nous porte à aimer, c'est quelque bonté que nous apercevons dans l'objet de notre affection, et comme les choses semblables s'attirent, les gens de bien sont naturellement unis par l'amitié. Cette puissance d'aimer ne se restreint pas dans un petit cercle et s'étend à tous les hommes : c'est elle et non pas l'intérêt qui se satisfait, et ceux qui ont le moins besoin de l'existence de leurs amis ne sont pas les moins ardents à aimer.

Quum autem contrahat[1] amicitiam, ut supra dixi[2], si qua significatio virtutis eluceat, ad quam[3] se similis animus[4] applicet et adjungat[5], id quum contigit, amor exoriatur necesse est.

49. Quid enim tam absurdum[6] quam delectari multis inanimis[7] rebus, ut honore, ut gloria, ut ædificio, ut vestitu cultuque corporis[8], animante virtute prædito, eo

---

1. *Quum autem contrahat.* Le verbe a pour sujet la proposition suivante : *si qua significatio virtutis eluceat :* Ce qui cimente l'amitié, c'est la manifestation de la vertu; comme s'il y avait : *quum significatio virtutis... si qua eluceat... contrahat amicitiam,* etc.

2. *Ut supra dixi.* Au nombre des causes qui rapprochent les amis Cicéron a déjà indiqué : *lumen aliquod probitatis et virtutis,* VIII, 28 ; et plus loin il a répété la même assertion, presque dans les mêmes termes, *facta significatione probitatis,* etc., IX, 32. C'est un des points les plus fixes de sa doctrine ; il lui étoit indiqué par Aristote et ses disciples.

3. *Ad quam,* la vertu.

4. *Similis animus,* une âme qui ressemble à l'autre, c'est-à-dire, en qui brille aussi la vertu.

5. *Se applicet et adjungat :* voir plus haut, *applicant se et propius admovent,* IX, 32; et ailleurs, *applicatione animi,* VIII, 27.

6. *Absurdum,* littéralement : ce qui répugne à l'oreille ; on dit dans ce sens : *vox absona atque absurda,* ou bien encore *absurde canere,* chanter faux ; par extension, fausseté du raisonnement, inconséquence, en opposition avec *consentaneum* qu'on a lu plus haut.

7. *Inanimis.* Les manuscrits portent *inanibus.* La correction paraît justifiée par l'opposition entre *inanimis rebus* et *animante virtute prædito.*

8. *Vestitu cultuque corporis.* La seconde idée est beaucoup plus générale que la première : elle comprend tout ce qui est nécessaire au bien-être physique. Voir plus bas, XXIII, 86

qui vel amare vel, ut ita dicam, redamare[1] possit, non admodum[2] delectari? Nihil est enim remuneratione benevolentiæ, nihil vicissitudine[3] studiorum officiorumque jucundius.

50. Quid? si illud etiam addimus, quod recte addi potest, nihil esse quod ad se rem ullam tam alliciat et attrahat quam ad amicitiam similitudo[4], concedetur profecto verum esse ut[5] bonos boni diligant adsciscantque sibi quasi propinquitate conjunctos atque natura[6]; nihil est enim appetentius similium[7] sui nec rapacius[8] quam natura[9]. Quamobrem hoc quidem, Fanni et Scævola, constet, ut opinor, bonis inter bonos quasi necessariam benevolentiam, qui est amicitiæ fons a natura constitutus. Sed eadem bonitas etiam ad multitudinem pertinet[10]; non enim est inhumana virtus neque immunis[11] neque superba, quæ etiam populos universos tueri eisque optime

1. *Redamare*, néologisme composé par Cicéron qui s'en excuse, *ut ita dicam*, à l'imitation du grec ἀντιφιλεῖν.

2. *Admodum*, au plus haut point. Voir ci-dessus I, 2.

3. *Vicissitudine*, l'échange mutuel; *remuneratio*, l'acte de payer ou d'être payé de retour. *Benevolentia* n'est qu'un sentiment; il y a dans *studia*, surtout dans *officia* plus d'action.

4. *Similitudo*, allusion à cette maxime d'Empédocle que les semblables s'attirent. Les deux verbes précédents sont à suppléer après *similitudo*.

5. *Verum esse ut*, construction déjà signalée IV, 14. Voir aussi XXI, 80.

6. *Propinquitate atque natura*. Exemple assez authentique d'un τὸ δὶα δυοῖν, la parenté qui est de nature.

7. *Similium* est un génitif pluriel neutre.

8. *Rapacius* ajoute à *appetentius* l'idée d'un acte, le désir d'un côté et la possession de l'autre.

9. *Quam natura*, la nature en général, l'ensemble des forces naturelles, plus probablement que la nature humaine.

10. *Ad multitudinem pertinet*. Le verbe *pertinet* implique une idée favorable : La puissance d'aimer n'est pas bornée; elle s'étend sur la foule *pour son bien*. Voir IV, 13. Correction heureuse apportée par Lélius à la description d'une amitié qui souvent ressemble à un sentiment aristocratique : elle est plus nettement indiquée encore à la phrase suivante par ces mots si expressifs : *caritas vulgi*.

11. *Immunis*, c'est-à-dire *sine muneribus, sine muniis* : dédai-

consulere soleat, quod non faceret profecto, si a caritate
vulgi abhorreret.

51. Atque etiam mihi quidem videntur, qui utilitatis
causa[1] fingunt amicitias, amabilissimum nodum amicitiæ
tollere ; non enim tam utilitas parta per amicum quam
amici amor ipse delectat, tumque illud fit, quod ab amico
est profectum, jucundum, si[2] cum studio[3] est profectum[4] ;
tantumque abest ut amicitiæ propter indigentiam[5] co-
lantur, ut ii, qui opibus et copiis[6] maximeque virtute,
in qua plurimum est præsidii, minime alterius indigent,
liberalissimi sint et beneficentissimi. Atque haud sciam[7]
an ne opus sit quidem nihil unquam omnino deesse
amicis : ubi[8] enim studia nostra[9] viguissent, si nunquam
consilio, nunquam opera nostra[10] nec domi nec militiæ

gacuse du devoir, ne voulant rien
faire, se *charger* de rien pour autrui, égoïste. Si l'on se reporte
à l'ancien adjectif *munis*, qui, au
dire d'un grammairien latin, signi-
fiait : « consentiens ad ea quæ amici
velint », on est tenté de traduire
immunis par « bourru, maussade »,
sens qui concorde avec celui des
deux autres adjectifs.—Quelques éditeurs écrivent : *immanis*. Compa-
rer, XVIII, 65, *communem*.

1. *Utilitatis causa.* Doctrine utilitaire de l'amitié. Cicéron y revient
à tout propos ; il n'ajoute rien ici à
ses critiques du ch. IX. Sa discussion n'est pas sans incohérence, ni
surtout sans redites choquantes.

2. *Tum.... si.* Cet avantage *ne*
fait plaisir *que si...*, sens ordinaire
de *tum* en relation avec *si*.

3. *Cum studio*, de bon cœur,
avec affection.

4. *Profectum* a ici, comme souvent,
le sens d'*accordé* : il ne marque pas
seulement l'origine, mais l'action.

5. *Propter indigentiam*, par
besoin, par intérêt, en grec χρεία.
Voir IX, 29.

6. *Opibus et copiis*, ablatif de la
cause. Le premier de ces mots désigne plutôt la puissance politique et
le second la richesse, qui à Rome
surtout en est une condition. Voir
plus haut, VI, 23.

7. *Atque haud sciam.* Cicéron
corrige et atténue l'assertion précédente : le besoin n'est pas l'origine
de l'amitié, dit-il à peu près ; mais
je ne veux pas prétendre par là qu'il
soit nécessaire que nos amis ne
manquent jamais de rien. *Atque*
équivaut à peu près à *quanquam*.

8. *Ubi* n'exprime pas ici plutôt
le lieu que le temps : en quelle circonstance, à quelle occasion.

9. *Studia nostra*, mon affection.

10. *Opera nostra*, opposé à *consilio*, comme l'action à la parole ou
à la pensée : s'il n'avait jamais eu
besoin de mon conseil ni de ma
main.

Scipio eguisset? Non igitur utilitatem amicitia, sed utilitas amicitiam secuta est.

XV. On ne voudrait pas vivre dans l'opulence à condition de n'avoir aucun ami. Les tyrans sont condamnés à cette destinée malheureuse, et n'ont que de faux amis; il en est parfois de même des hommes que la fortune a comblés de ses faveurs : leur orgueil éloigne l'amitié : les biens qu'ils possèdent peuvent leur être arrachés, et, quand ils les garderaient, ils ne peuvent vivre heureux s'ils sont sans affection.

52. Non ergo erunt homines deliciis diffluentes[1] audiendi, si quando de amicitia, quam nec usu nec ratione[2] habent cognitam, disputabunt; nam quis est, proh deorum fidem[3] atque hominum, qui velit, ut neque[4] diligat quemquam nec ipse ab ullo diligatur, circumfluere omnibus copiis atque in omnium rerum abundantia vivere[5]? Hæc enim est[6] tyrannorum vita, nimirum in qua nulla fides, nulla caritas[7], nulla stabilis benevolentiæ potest

1. *Deliciis diffluentes.* Ce sont ceux qui mettent en pratique la morale du plaisir, les hommes amollis par les plaisirs. *Diffluere* exprime énergiquement l'effet énervant des excès : il signifie au propre une eau qui se perd, qui s'écoule en tout sens. « Diffluunt, dit un commentateur, quæ mollia, soluta, putria sunt. » Parfois cependant, et peut-être ici même, l'idée d'abondance domine, comme dans *circumfluere* qui suit.

2. *Nec usu, nec ratione,* ni par l'expérience ni par le raisonnement, ni en pratique, ni en théorie.

3. *Fidem,* accusatif qui s'explique par quelque formule sous-entendue du serment, comme *testor.*

4. *Ut neque,* etc. A condition de, comme *ea lege ut;* on pourrait traduire par *sans* et l'infinitif.

5. *Vivere.* Les deux infinitifs *circumfluere* et *vivere* avec leurs compléments *copiis* et *abundantia* ne paraissent que deux façons d'exprimer une seule idée, ἓν διὰ δυοῖν.

6. *Hæc... est.* Voilà la vie des tyrans, c'est celle qu'on vient de dépeindre. *Nimirum* qui suit indique la preuve de cette assertion, comme si l'on disait : « car dans cette vie, etc. »

7. *Caritas* désigne ici le sentiment qu'on inspire et non pas celui qu'on éprouve : il en est de même de *fides,* de *benevolentia,* c'est peut-être l'inverse pour *fiducia.*

esse fiducia, omnia semper suspecta atque sollicita, nullus locus amicitiæ.

53. Quis enim aut eum diligat, quem metuat[1], aut eum, a quo se metui putet? Coluntur tamen simulatione dun-taxat[2] ad tempus[3] : quod si forte, ut fit plerumque, ceci-derunt, tum intelligitur quam fuerint inopes amicorum, quod[4] Tarquinium dixisse ferunt, tum exsulantem[5] se intellexisse, quos fidos amicos habuisset, quos infidos, quum jam neutris gratiam referre[6] posset.

54. Quanquam miror illa superbia[7] et importunitate[8] si quemquam amicum habere potuit. Atque ut hujus, quem dixi, mores veros amicos parere non potuerunt, sic mul-torum opes præpotentium[9] excludunt amicitias fideles : non enim solum ipsa Fortuna cæca est, sed eos etiam plerumque efficit cæcos, quos complexa est; itaque efferuntur[10] fere fastidio et contumacia, neque quidquam

1. *Quem metuat*. On cite sou-vent ce mot : « oderint dum me-tuant, » qui paraît tiré d'*Atrée*, tra-gédie d'Accius, et Ennius a dit : « quem metuunt odere. » Voir *De Officiis*, II, 7, 23.

2. *Duntaxat*, du moins.

3. *Ad tempus*, pour un temps, ou peut-être dans le même sens que *temporis causa*, employé VIII, 27, dans une phrase toute semblable.

4. *Quod* annonce la proposition infinitive et ne se rapporte pas à ce qui précède.

5. *Exsulantem*. Il disait avoir compris seulement dans l'exil. — Un éditeur propose cette correc-tion inutile mais soutenable : « Tar-quinium dixisse ferunt, exsulan-tem, tum se, » etc.

6. *Gratiam referre*, traiter sui-vant leurs mérites, en bonne ou en mauvaise part.

7. *Illa superbia*, ablatif de la cause : par suite de, par l'effet de son orgueil bien connu. Ou bien, ablatif absolu équivalent à *quum esset illa superbia*.

8. *Importunitate*, manières arro-gantes, défaut de toute chose qui est inaccessible, « in quo nullum est auxilium, dit un grammairien, velut esse solet *portus* navigantibus. » Sens analogue à celui de *fastidium* qu'on lit un peu plus bas : la mor-gue.

9. *Præpotentium* équivaut à *quia sunt præpotentes*. Il y a là peut-être des allusions aux mé-comptes éprouvés par Cicéron lui-même dans ses liaisons politiques.

10. *Efferuntur* s'emploie pour marquer l'entraînement des vices ou des passions. Ces vices sont la fierté dédaigneuse qui repousse les hommes, *fastidium*, parce qu'elle

insipiente fortunato [1] intolerabilius fieri potest. Atque hoc quidem videre licet, eos, qui antea commodis fuerint moribus, imperio, potestate [2], prosperis rebus immutari, sperni ab iis veteres amicitias, indulgeri novis.

55. Quid autem stultius [3] quam, quum plurimum copiis, facultatibus [4], opibus possint, cetera parare, quæ parantur pecunia, equos, famulos, vestem egregiam, vasa pretiosa, amicos non parare, optimam et pulcherrimam vitæ, ut ita dicam, supellectilem [5]? Etenim cetera quum parant, cui parent nesciunt nec cujus causa laborent; ejus enim est istorum quidque, qui vicit viribus [6] : amicitiarum sua cuique permanet stabilis et certa possessio, ut, etiam si illa maneant, quæ sunt quasi dona Fortunæ, tamen vita inculta et deserta ab amicis [7] non possit esse jucunda. Sed hæc hactenus.

est rassasiée d'hommages (on a dit plus tard dans le même sens *fastus*), et les caprices d'une volonté altière, *contumacia*. Voir un peu plus haut : *illa superbia et importunitate*.

1. *Insipiente fortunato*, la sottise avec la fortune : *fortunatus* est ici un substantif. L'expression est d'Aristote.

2. *Imperio, potestate*, le pouvoir militaire ou civil. Certaines magistratures romaines conféraient l'*imperium*. Ainsi le dictateur, le consul, le préteur, avaient, outre leurs attributions politiques, le droit de commander des corps d'armée et certaines prérogatives de l'ordre religieux. D'autres magistratures, *sine imperio*, comme la censure ou la questure, ne donnaient que des droits purement civils, dont l'ensemble est désigné par *potestas*.

3. *Quid autem stultius*. Répétition. On a vu plus haut la même pensée : « quid enim tam absurdum, etc. » Les mots ne sont pas tout à fait les mêmes; le mouvement des idées et celui de la phrase sont identiques. Les redites sont très-fréquentes et peu excusables dans un opuscule si court.

4. *Facultatibus*, les ressources, les moyens pécuniaires; il est difficile de déterminer en quoi il diffère ici de *copiis*. Le sens de *opes* a été fixé, VI, 22, et XIV, 51.

5. *Supellectilem*, mobilier ou meuble, métaphore amenée par l'énumération qui précède.

6. *Vicit viribus*. *Vincere* a ici le sens neutre : être le plus fort. Remarquez le rapprochement des consonnes qui paraît plaire aux Latins; on a déjà vu *habenas habere, vita vitalis*. Voir plus haut : I, 5.

7. *Ab amicis*. La préposition *ab* marque ici la séparation : une existence vide d'amis, et non pas, dé...

XVI. Il y a trois opinions sur les limites et la nature de l'amitié. Suivant la première, il faut avoir pour son ami les sentiments qu'on a pour soi-même ; suivant la seconde, on doit lui rendre exactement ce qu'on reçoit de lui, et réciproquement ; et enfin la troisième recommande d'avoir pour lui l'estime qu'il professe pour lui-même. Ces trois opinions sont fausses. Le mot prêté à Bias, « qu'il faut aimer comme si on devait haïr », est odieux.

56. Constituendi [1] autem sunt, qui sint in amicitia fines et quasi termini [2] deligendi, de quibus tres video sententias ferri [3], quarum nullam probo : unam [4], ut eodem modo erga amicum affecti simus quo erga nosmet ipsos ; alteram, ut nostra in amicos benevolentia illorum erga nos benevolentiæ pariter æqualiterque [5] respondeat ; tertiam [6], ut, quanti quisque se ipse faciat, tanti fiat ab amicis.

sertée par les amis. — On a même proposé de traduire *ab* par « quant à, du côté de », dans le sens où Tite Live a dit : *invictus a cupiditatibus*, invincible du côté des passions.

1. *Constituendi*, etc. Construction personnelle, au lieu de *constituendum est. Fines* est l'attribut de *sint*, et la proposition tout entière est le sujet de *constituendi*. C'est la seconde fois que Cicéron entame ce sujet. Voir ch. XI.

2. *Fines et termini.* Le premier de ces substantifs désigne le point où une chose finit naturellement ; le second, la limite qui a été fixée par la volonté, ou, comme c'est ici le cas, par la morale : jusqu'où l'amitié *peut* aller, où elle *doit* s'arrêter.

3. *Sententias ferri.* Ce n'est pas ici l'expression *ferre sententiam.*

juger : ce sont des opinions qu'on rapporte. Ces trois opinions, d'après une conjecture plausible, étaient discutées dans le livre de Théophraste περὶ φιλίας, aujourd'hui perdu.

4. *Unam.* Cette première opinion est exposée dans le premier livre du *de Finibus*, ch. XX, par l'épicurien Torquatus. Si on ne la connaissait que par la ligne qui la résume ici, on pourrait l'approuver. La discussion qui va suivre en fixera le sens. Les deux autres doivent avoir la même origine. Les épicuriens ne pensaient pas tous de même sur l'amitié, et quelques-uns allaient même jusqu'à abandonner le système de l'utilité.

5. *Pariter æqualiterque.* On a fixé le sens de ces mots, IX, 35.

6. *Tertiam.* Sous cette forme la troisième opinion ne paraît pas ré-

57. Harum trium sententiarum nulli prorsus assentior[1] : nec enim illa prima vera est, ut, quemadmodum[2]
in se quisque, sic in amicum sit animatus ; quam multa
enim, quæ nostra causa[3] nunquam faceremus, facimus
causa amicorum ! precari ab indigno[4], supplicare, tum
acerbius in aliquem invehi insectarique[5] vehementius,
quæ[6] in nostris rebus[7] non satis honeste, in amicorum[8]
fiunt honestissime[9]; multæque res sunt, in quibus de
suis commodis viri boni multa detrahunt detrahique
patiuntur, ut iis amici potius quam ipsi fruantur[10].

58. Altera sententia est, quæ definit[11] amicitiam pari-
bus officiis ac voluntatibus[12]. Hoc quidem est nimis exi-

---

préhensible, ni très-distincte des
autres. La différence s'accusera plus
tard avec l'erreur.

1. *Nulli prorsus assentior*, je
refuse absolument de souscrire à
aucune de ces opinions. *Prorsus*
avec une négation équivaut à *minime.*

2. *Ut quemadmodum*, etc. L'emploi de la conjonction *ut*, comme
terme déclaratif, est fréquent dans
ce traité: on a vu déjà : *verum est....
ut....* et dans ce même chapitre
unam.... ut. Voir IV, 14; XIV, 50,
et un peu plus bas : *tertius finis
ut....*

3. *Nostra causa* équivaut à
nostri causa, leçon adoptée par
quelques éditeurs malgré les manuscrits.

4. *Precari ab indigno*, etc. Cet
infinitif et les suivants développent
l'idée de *multa*, et ne sont pas les
sujets de *fiunt.*

5. *Invehi*, s'emporter en paroles ;
insectari suppose à la fois la violence des paroles et des actes.

6. *Quæ*, toutes choses qui....

7. *In nostris rebus*, quand il
s'agit de nos intérêts, de ce qui nous
concerne. Voir XI, 39.

8. *In amicorum*, sous-entendu
rebus.

9. *Honestissime.* Tous ces actes
sont contraires à la dignité de
l'homme public, et Cicéron les a
condamnés dans le *de Officiis*, I,
34, 124.

10. *Fruantur.* Ainsi Cicéron n'admet pas qu'il suffise d'aimer son
ami autant que soi-même : il faut
l'aimer davantage, ou du moins être
disposé à faire pour lui ce qu'on ne
ferait pas pour soi.

11. *Definit* signifie ici plutôt cir
conscrire, limiter, réduire que définir : mais en somme la définition
est elle-même une manière de limiter
les idées.

12. *Voluntatibus*, réciprocité de
services et de bienveillance, *dandis
recipiendisque meritis*, a déjà dit
Cicéron, en critiquant cette même
doctrine, VIII, 26.

gue et exiliter [1] ad calculos vocare [2] amicitiam, ut par sit
ratio acceptorum et datorum [3] : divitior mihi et affluentior [4] videtur esse vera amicitia nec observare restricte ne
plus reddat quam acceperit; neque enim verendum est
ne quid excidat aut no quid in terram defluat aut ne plus
æquo quid in amicitiam congeratur [5].

59. Tertius vero ille finis [6] deterrimus, ut, quanti
quisque se ipse faciat, tanti flat ab amicis; sæpe enim in
quibusdam aut animus abjectior est aut spes amplificandæ
fortunæ fractior : non est igitur amici talem esse in eum,
qualis ille in se est, sed potius eniti et efficere [7], ut
amici jacentem animum excitet inducatque in spem cogitationemque meliorem [8]. Alius igitur finis [9] veræ amicitiæ
constituendus est, si prius, quid maxime reprehendere
Scipio solitus sit, dixero : negabat ullam vocem inimicio-
rem amicitiæ potuisse reperiri quam ejus, qui dixisset
ita amare oportere, ut si aliquando esset osurus [10]; nec

---

1. *Exigue et exiliter.* La doctrine est étroite, sans ampleur; elle
est mesquine et pauvre. Le premier
terme a rapport à l'étendue, le second à la qualité. *Exiguus* vient de
exigere, « quod facile exigi potest ».
Exilis, qu'on regarde souvent comme
une abréviation de *exigibilis,* paraît plutôt formé de *ex* et de *ilia,*
et signifierait par origine : qui n'a
pas de flancs, qui est décharné.

2. *Vocare ad calculos,* inviter à
calculer. On se servait, pour calculer,
d'une table nommée *abacus* et de
petits cailloux, *calculi.*

3. *Acceptorum et datorum,* le
compte des recettes et des dépenses.

4. *Divitior,* forme de comparatif
préférée par Cicéron, plus riche;
affluentior, plus généreux.

5. *Excidat.... defluat.... congeratur.* Ces trois verbes peuvent être

des allusions à des opérations com-
merciales de mesure ou de pesée :
ne rien laisser tomber ou s'écouler,
ne pas donner plus que la mesure.

6. *Finis* a le même sens qu'au
commencement du chapitre, c'est la
manière de circonscrire, de limiter,
plutôt que la définition.

7. *Eniti et efficere* équivaut à
efficere enitendo, exemple d'un
ἓν διὰ δυοῖν.

8. *Cogitationemque meliorem,*
des pensées plus justes sur lui-
même, un jugement plus favorable.

9. *Alius finis.* Cicéron annonce
qu'il va remplacer ces fausses théories ; mais aussitôt il se jette dans
une digression jusqu'à la fin du
chapitre.

10. *Esset osurus* a pour sujet
l'idée de quelque terme indéfini,
comme *aliquis.*

vero se adduci posse [1], ut hoc, quemadmodum putaretur [2], a Biante [3] dictum esse crederet, qui sapiens habitus esset unus e septem ; impuri cujusdam aut ambitiosi [4] aut omnia ad suam potentiam revocantis esse sententiam. Quonam enim modo quisquam amicus esse poterit ei, cui se putabit inimicum esse posse ? Quin etiam necesse erit [5] cupere et optare [6] ut quam sæpissime peccet amicus, quo plures det sibi tanquam ansas ad reprehendendum [7]; rursum [8] autem recte factis commodisque amicorum necesse erit angi, dolere, invidere [9].

60. Quare hoc quidem præceptum, cujuscunque est, ad tollendam amicitiam valet : illud potius præcipiendum fuit [10], ut eam diligentiam adhiberemus in amicitiis comparandis [11], ut ne quando amare inciperemus eum, quem aliquando odisse possemus. Quin etiam si minus felices

1. *Se adduci posse.* Cette proposition est gouvernée par *dicebat* qui se trouve implicitement dans *negabat.*

2. *Quemadmodum putaretur,* comme on le pensait, comme on pensait que Bias l'avait dit.

3. *A Biante.* Plusieurs écrivains ont cité les paroles prêtées par la tradition à Bias : qu'il faut aimer comme si l'on devait haïr, et haïr comme si l'on devait aimer. Sophocle a prêté à Ajax la seconde partie de la maxime, la plus généreuse.

4. *Impuri,* une âme vile, sordide; *ambitiosi,* un intrigant. La Bruyère, appréciant le mot attribué à Bias, dit à peu près de même : Ce n'est point une maxime morale, mais politique.

5. *Necesse erit.* Conséquence nécessaire de la maxime de Bias.

6. *Cupere et optare.* C'est toujours désirer ; mais d'un côté, avec l'élan du sentiment, et de l'autre, avec l'intervention de la réflexion.

7. *Ansas ad reprehendendum,* des prétextes pour le blâmer. *Ansa,* l'anse d'un vase ; *ansas dare,* donner prise ; *ansas sibi dare,* donner prise sur soi. — La maxime de Bias mérite une partie des critiques de Cicéron : elle n'a rien de généreux; mais les conséquences qu'il lui attribue sont forcées.

8. *Rursum,* en revanche.

9. *Angi, dolere, invidere,* sentiments d'inquiétude, de tristesse et d'envie. Ces verbes paraissent accumulés pour exprimer tout simplement la malveillance. Un commentateur a découvert que chacun de ces mots a une syllabe de plus que le précédent, ce qui, dit-il, soutient et fortifie la gradation !

10. *Fuit,* dans le sens de *fuisset.*

11. *Comparandis,* dans le choix d'un ami.

in deligendo[1] fuissemus, ferendum id Scipio potius quam
inimicitiarum tempus cogitandum putabat[2].

XVII. L'amitié comporte une communauté complète d'intérêts et
de volontés, et même parfois certaines complaisances qu'une vertu
rigide condamnerait.

Autre question : quel doit être le caractère de l'ami que
nous cherchons ? Il doit être inébranlable dans son attachement, capable de résister aux séductions de la fortune et de la
puissance. Ces hommes sont d'une espèce rare : ceux qui
résistent à l'argent sont faibles devant les honneurs ; presque
tous ont peur de la souffrance.

61. His igitur finibus[3] utendum arbitror, ut, quum emen-
dati mores amicorum sint, tum sit inter eos omnium
rerum, consiliorum, voluntatum sine ulla exceptione communitas[4], ut etiam, si qua fortuna acciderit ut minus
justæ amicorum voluntates adjuvandæ sint, in quibus
eorum aut caput[5] agatur aut fama, declinandum de via
sit[6], modo ne summa turpitudo sequatur ; est enim qua-

1. *Felices in deligendo*, heureux
dans notre choix; ou bien en lisant
diligendo, heureux dans nos affections. La différence entre les deux
sens est parfois aussi faible qu'entre
les deux mots : *diligere* est proprement choisir pour aimer, préférer :
c'est l'affection élective.

2. *Putabat*. Ce chapitre n'a pas
répondu au programme par lequel il
commence. Les opinions discutées
traitent de la nature de l'amitié,
plutôt que de ses limites. Il ne serait pas surprenant que Cicéron eût
été induit en confusion par le mot
grec qu'il a dû lire dans son modèle
grec.

3. *His finibus*. Ce mot conserve
ici le sens qu'il a eu au chapitre

précédent, et qui comportait plutôt
l'emploi du singulier. Cicéron revient à son plan, s'il en a un, et re-
prend cette pensée : « alius finis
veræ amicitiæ constituendus est »
(xvii, 59), mais il n'y persistera pas
longtemps.

4. *Communitas*. Cette amitié
qui impose même la communauté
des biens aurait été du goût des
pythagoriciens. La définition du
ch. vi est ainsi notablement mo-
difiée.

5. *Caput*, c'est l'existence au sens
civil et au sens physique, les droits
du citoyen et la vie de l'homme.

6. *Declinandum de via sit*, on
peut faire un pas hors du droit che-
min. Correction inattendue à la doc-

tenus[1] amicitiæ dari venia possit. Nec vero negligenda
ost fama, nec mediocre telum ad res gerendas[2] existi-
maro oportet benevolentiam civium, quam blanditiis et
assentando[3] colligere turpe est : virtus, quam sequitur
caritas[4], minime repudianda est.

62. Sed — sæpe enim redeo ad Scipionem, cujus omnis
sermo erat de amicitia — querebatur, quod omnibus in
rebus homines diligentiores essent: capras et oves quot
quisque haberet dicere posse, amicos quot haberet non
posse dicere; et in illis quidem parandis[5] adhibere curam,
in amicis deligendis negligentes esse nec habere quasi
signa quædam et notas, quibus eos, qui ad amicitiam
essent idonei, judicarent[6]. Sunt igitur firmi et stabiles et
constantes[7] eligendi, cujus generis est magna penuria ;
et judicare difficile est sano nisi expertum[8]; experiendum[9]
autem est in ipsa amicitia : ita præcurrit amicitia judicium tollitque experiendi potestatem.

63. Est igitur prudentis sustinere ut cursum, sic im-

trine des chapitres x, xi, xii, xiii.
Cicéron a peut-être sous les yeux
un autre auteur moins rigide.

1. *Est quatenus*, etc., il y a des
accommodements, on peut jusqu'à
un certain point être indulgent pour
l'amitié.

2. *Telum*, une arme, un instru-
ment, une force; *ad res gerendas*,
pour la vie politique, souci constant
do Cicéron. Du reste cette pensée
se rattache à peine à la précédente,
et pas du tout à la suivante.

3. *Blanditiis et assentando*.
Cette union d'un substantif et d'un
verbe est assez fréquente. Voir plus
bas : *venandi aut pilæ* (xx, 74).

4. *Caritas* est ici l'état de celui
qui est aimé, qui est *carus*. Voir
plus haut, vi, 20, et xiv, 50.

5. *In illis parandis*, quand il
s'agit de les acquérir, ou quand ils
les acquièrent. Voir xi, 39.

6. *Judicarent*. Xénophon exprime avec plus de détails la même
pensée dans ses *Mémoires sur Socrate*, livre ii, 4.

7. *Firmi*, des caractères solides,
que par conséquent il est difficile
de faire changer de conviction : ce
sont des hommes sûrs, inébran-
lables, *stabiles; constantes*, des
gens qui ont des princines, qui ne
se démentent pas.

8. *Expertum* est en rapport avec
un terme indéfini, sujet de *judicare*,
comme *aliquem*.

9. *Experiendum* est pris dans un
sens absolu, « faire une expérience »,
comme *experiendi* qui suit.

petum benevolentiæ, quo utamur quasi equis tentatis sic
amicitia, aliqua parte periclitatis moribus amicorum[1].
Quidam sæpe in parva pecunia[2] perspiciuntur quam sint
leves[3], quidam autem, quos parva movere non potuit,
cognoscuntur[4] in magna; sin vero erunt aliqui reperti
qui pecuniam præferre amicitiæ sordidum existiment,
ubi eos inveniemus, qui honores, magistratus, imperia,
potestates[5], opes amicitiæ non anteponant, ut, quum ex
altera parte proposita hæc sint[6], ex altera jus amicitiæ,
non multo illa malint? Imbecilla enim est natura ad con-
temnendam potentiam ; quam etiam si neglecta amicitia
consecuti sint, obscuratum iri[7] arbitrantur, quia non sine
magna causa sit neglecta amicitia.

64. Itaque veræ amicitiæ difficillime reperiuntur in iis,
qui in honoribus reque publica versantur[8] : ubi enim
istum invenias, qui honorem amici[9] anteponat suo ?

1. *Est igitur.... amicorum.* La
prudence veut que l'on n'aille pas
trop vite, « qu'on sache retenir l'élan
de l'affection », comme on s'arrête
en courant; *ut cursum* est une
simple comparaison. Quelques éditeurs ont écrit *currum.* Le *quo* qui
uit équivaut à *ut*, bien qu'il n'y ait
aucun comparatif dans la proposition: Enfin on doit remarquer *quasi*
en relation avec *sic* et tenant lieu
de *ut.*

2. *In parva pecunia*, à propos
d'une petite somme d'argent. Voir
plus haut, XI, 39.

3. *Perspiciuntur quam sint
leves*, construction imitée du grec.
Leves opposé à *firmi et stabiles :*
ils abandonnent leurs amis à propos
d'une somme modique, d'un faible
intérêt.

4. *Cognoscuntur.* Suppléez :
quam sint leves.

5. *Imperia, potestates*, le pouvoir militaire et le pouvoir civil. Voir
l'explication de ces termes, XV, 54.
Sur le sens d'*opes* voir VI, 22, et
XIV, 51.

6. *Proposita hæc sint*, quand
on les met à leur portée, qu'on leur
donne à choisir. *Hæc* est représenté
à la ligne suivante par *illa; multo*
s'explique par l'idée du comparatif
impliquée dans *malint.*

7. *Obscuratum iri*, sens imper-
sonnel; ce sera, pensent-ils, une
atténuation, une excuse, de n'avoir
sacrifié l'amitié qu'à un grand intérêt.

8. *Reque publica versantur.*
Cet aveu est imprévu dans un ouvrage où l'on ne traite guère que
des amitiés politiques. Cicéron a dû
l'écrire par inadvertance.

9. *Honorem amici*, les honneurs,
c'est-à-dire les charges honorifiques.

Quid? hæc ut omittam, quam graves, quam difficiles plerisque videntur calamitatum societates[1] ad quas non est facile inventu[1] qui descendant. Quanquam Ennius recte:

> amicus certus in re incerta cernitur,

tamen hæc duo levitatis et infirmitatis plerosque convincunt, aut si in bonis rebus[2] contemnunt aut in malis deserunt. Qui igitur utraque in re gravem, constantem, stabilem[3] se in amicitia præstiterit, hunc ex maxime raro genere hominum judicare debemus et pæne divino.

XVIII. Autres qualités du véritable ami, franchise et loyauté; horreur des médisances; égalité et douceur de caractère.

65. Firmamentum autem stabilitatis constantiæque[4] est ejus, quam in amicitia quærimus, fides[5]; nihil est enim stabile, quod infidum est. Simplicem[6] præterea et communem[7] et consentientem[8], id est, qui rebus isdem moveatur, eligi par est, quæ omnia pertinent ad fidelitatem;

1. *Non est facile inventu*, etc. Construction impersonnelle déjà remarquée, III, 12.

2. *In bonis rebus.* Quand *ils* sont heureux; *in malis*, quand *leurs amis* sont malheureux. *Utraque in re* qui vient ensuite réunit ces deux situations : c'est la bonne et la mauvaise fortune, mais échéant à des personnes diverses.

3. *Constantem, stabilem.* Ces adjectifs, associés à d'autres comme *gravem, firmum*, sont souvent répétés; ils s'opposent à *leves, infirmi*, et Cicéron ne les énonce pas toujours dans le même ordre. Voir leur sens un peu plus haut, XVII, 62.

4. *Stabilitatis constantiæque.* Ces traits de caractère ont été définis au chapitre précédent, 62.

5. *Fides*, bonne foi, ou comme *fidelitas*, qu'on voit un peu plus loin, fidélité à une personne. Dans le *de Officiis*, Cicéron en fait le fondement de la justice.

6. *Simplicem*, etc., naïf, opposé à *multiplex*, comme simple en français s'oppose à double.

7. *Communem*, qui est plein de condescendance, d'affabilité.

8. *Consentientem*, qui partage nos sentiments, et peut-être, comme le texte l'explique, qui a les mêmes intérêts : « qui rebus isdem moveatur.»

neque enim fidum potest esse multiplex ingenium et tor-
tuosum, neque vero, qui non isdem rebus movetur na-
turaque consentit, aut fidus aut stabilis potest esse[1].
Addendum eodem est, ut ne criminibus aut inferendis[2]
delectetur aut credat oblatis[3], quæ pertinent omnia ad
eam, quam jamdudum tracto, constantiam. Ita fit verum
illud, quod initio[4] dixi, amicitiam nisi inter bonos esse
non posse; est enim boni viri, quem eumdem sapientem
licet dicere, hæc duo tenere in amicitia : primum, ne quid
fictum sit neve simulatum ; aperte enim vel odisse magis
ingenui est quam fronte[5] occultare sententiam; deinde
non solum ab aliquo allatas criminationes repellere,
sed ne ipsum quidem esse suspiciosum, semper aliquid
existimantem ab amico esse violatum[6].

66. Accedat huc suavitas quædam oportet sermonum
atque morum, haudquaquam mediocre condimentum
amicitiæ. Tristitia autem et in omni re severitas[7] habet
illa quidem gravitatem, sed amicitia remissior esse
debet et liberior et dulcior[8] et ad omnem comitatem faci-
litatemque proclivior.

1. *Neque enim... potest esse.*
Cette phrase a l'air d'une preuve;
mais c'est une simple affirmation
redoublée.

2. *Criminibus inferendis,* il ne
doit pas se plaire à accuser son
ami; le sens est du reste expliqué
plus bas par : *non esse suspiciosum,* etc., etc.

3. *Oblatis,* il ne doit pas ajouter
foi aux médisances des autres.

4. *Initio.* Voir ch. v, 18.

5. *Fronte.* Beaucoup des sentiments de l'âme se peignent sur le
front, comme le prouvent plusieurs
locutions françaises. Les Romains

disaient *frontem explicare, re-
mittere,* etc. — *Frons,* dit Cicéron, *sermo tacitus mentis.*

6. *Esse violatum.* C'est l'explication peut-être superflue de *suspiciosum. Violare* signifie ici « se
rendre coupable de quelque offense,
avoir des torts graves ».

7. *Tristitia et severitas,* une humeur sombre et un caractère sévère.
— Raideur et austérité.

8. *Remissior,* elle doit être moins
gourmée; *liberior,* avoir ses cou-
dés plus franches; *dulcior,* plaire
davantage. Les adjectifs opposés
sont *intentus, restrictus, amarus.*

XIX. Deux autres questions : 1° doit-on sacrifier d'anciennes
liaisons à de nouvelles amitiés ? solution négative ; 2° de l'égalité
des amis : les plus puissants doivent se mettre au niveau des autres, ou plutôt s'efforcer de les élever jusqu'à eux.

67. Exsistit autem hoc loco¹ quædam quæstio subdiffi-
cilis, num quando amici novi, digni amicitia, veteribus
sint anteponendi, ut equis vetuiis² teneros anteponere so-
lemus : indigna homine dubitatio ! Non enim debent esse
amicitiarum, sicut aliarum rerum, satietates³ : veterrima
quæque⁴, ut ea vina, quæ vetustatem ferunt, esse debet
suavissima, verumque illud est, quod dicitur, multos
modios salis simul edendos esse⁵, ut amicitiæ munus
expletum sit.

68. Novitates⁶ autem, si spem afferunt ut⁷ tanquam in

Hoc loco, sur ce point, c'est-
à-dire, à propos du choix d'un ami.
Voir XIII, 47.

2. *Vetulis*, vieux et laids. Le
diminutif implique parfois une idée
de mépris.

3. *Satietates*, emploi assez rare
du pluriel d'un substantif purement abstrait. On trouve un peu
plus bas *novitates*, plus loin encore *excellentiæ*, et ailleurs *medio-
critates*, *velocitates*. Généralement
ces sortes de noms ne s'emploient
au pluriel que dans un sens concret,
comme *utilitates*.

4. *Veterrima quæque*, etc. Suppléez *amicitia*. Cette proposition
n'est reliée à la précédente par aucune conjonction : cette construction s'appelle, d'un mot grec dont
l'étymologie indique le sens, un *asyn-
déton*. Les exemples n'en sont pas
rares ; on ne signalera que celui-ci.

5. *Simul edendos esse. Simul* a
le sens de *una*, acception assez
rare qui n'est pas sans exemple
chez Cicéron : « Totos dies simul
eramus. » *Lettres à Atticus*, V, 10.
Quant au proverbe, il s'explique de
lui-même : pour manger des boisseaux de sel ensemble, il faut vivre
longtemps en grande intimité. Il
est d'origine grecque : « Il faut pour
se lier, dit Aristote, du temps et de
la familiarité : car, suivant le proverbe, on ne peut se connaître l'un
l'autre avant d'avoir mangé ces fa-
meux boisseaux de sel. » *Éthique
à Nicomaque*, VIII, 4.

6. *Novitates*. Les nouveaux
amis ; opposé à *vetustas*, qui suppose aussi l'ellipse de *amicitiarum*.

7. *Spem afferunt ut*. Ils donnent
à espérer que, comme s'il y avait
fore ut; construction qui n'est pas
fréquente chez Cicéron, mais dont

herbis non fallacibus[1] fructus appareat, non sunt illæ
quidem[2] repudiandæ, vetustas[3] tamen suo loco conser-
vanda; maxima est enim vis vetustatis et consuetudinis[4]. Quin ipso equo, cujus modo feci mentionem, si
nulla res impediat, nemo est quin eo, quo consuevit,
libentius utatur quam intractato et novo[5]; nec vero in
hoc, quod est animal, sed in iis etiam, quæ sunt inanima,
consuetudo valet, quum locis ipsis delectemur, montuo-
sis etiam et silvestribus, in quibus diutius commorati
sumus.

69. Sed maximum est in amicitia parem esse inferiori;
sæpe enim excellentiæ quædam sunt, qualis erat Scipionis in nostro, ut ita dicam, grege : nunquam se ille Philo,
nunquam Rupilio, nunquam Mummio anteposuit[6], nunquam inferioris ordinis amicis; Quintum vero Maximum
fratrem, egregium virum omnino, sibi nequaquam
parem, quod is anteibat ætate, tanquam superiorem cole-
bat suosque omnes per se esse ampliores volebat.

70. Quod faciendum imitandumque est omnibus, ut, si

---

on trouve pourtant deux ou trois
exemples dans ses œuvres.

1. *Non fallacibus*, qui ne trom-
pent pas, expression poétique que
Tibulle a employée : « seges eludit
messem fallacibus herbis. » *Élég.* II,
1, 19.

2. *Illæ quidem.* Voir VIII, 27.

3. *Vetustas*, les vieilles amitiés;
on lira plus loin *conjuncti vetus-
tate.* Ce mot a souvent dans Cicéron
cette acception, et désigne la lon-
gueur d'une liaison.

4. *Consuetudinis.* Cette maxime
s'applique ici à l'amitié seulement.

5. *Intractato et novo*, qu'il n'a
pas dressé, ou, plus sûrement, qu'il

n'a pas monté, et qu'il ne connait
pas.

6. *Se... anteposuit.* Philus est
un des amis de Scipion; il figure
dans le dialogue *De republica.*
Rupilius était consul lors du procès
de C. Blossius en 132 av. J.-C. Voir
XI, 37. Spurius Mummius, le frère
du destructeur de Corinthe, stoïcien
et philosophe plus que guerrier,
« quem in primis diligebat Scipio »,
dit Cicéron dans le *De republica* où
il lui fait place à côté de M. Scévola.
Q. Maximus Æmilianus, fils aîné de
Paul-Émile, adopté par Fabius
Maximus, et par conséquent frère
de Scipion.

quam[1] præstantiam virtutis, ingenii, fortunæ consecuti sint, impertiant ea suis communicentque[2] cum proximis[3]; ut, si parentibus nati sint humilibus, si propinquos habeant imbecilliores vel animo vel fortuna, eorum augeant opes eisque honori sint[4] et dignitati; ut in fabulis[5], qui aliquandiu propter ignorationem[6] stirpis et generis[7] in famulatu fuerunt, quum cogniti sunt et aut deorum aut regum filii inventi, retinent tamen caritatem in pastores, quos patres multos annos esse duxerunt: quod est multo profecto magis in veris patribus certisque faciendum; fructus enim ingenii et virtutis omnisque præstantiæ tum maximus capitur, quum in proximum quemque confertur.

XX. Les différences de rang ou de talent doivent s'effacer dans l'amitié; ceux qui sont mieux pourvus sont les protecteurs naturels des autres. Ceux-ci, à leur tour, doivent accepter de bonne grâce la supériorité de leurs amis, se préserver de l'envie et des récriminations. Il y a une mesure à garder même dans

---

1. *Ut, si quam.* La conjonction *ut* explique et développe ce qu'il faut faire. Elle est encore employée deux fois dans cette même phrase, la première pour indiquer une conséquence, et la seconde, une comparaison.

2. *Impertiant.... communicentque.* Voir plus haut *partiens communicansque*, VI, 22 et VII, 24. *Ea* résume tous ces avantages de la vertu, de l'esprit, de la fortune.

3. *Cum proximis.* Cicéron a défini lui-même ce mot : « proximi sunt parentes, uxor, liberi et ceteri quibuscum sumus maxime conjuncti. » *De Officiis,* I, 14, 44.

4. *Eisque honori sint,* qu'ils contribuent à les faire honorer et non pas, qu'ils les honorent, comme les mots peuvent le signifier en d'autres cas.

5. *In fabulis,* dans les légendes ou dans les pièces de théâtre; le dernier sens paraît présenter plus de vraisemblance.

6. *Propter ignorationem,* parce qu'*on* ignore, et non pas seulement parce qu'*ils* ignorent.

7. *Stirpis et generis,* leur famille et leur race. Le premier de ces mots a un sens beaucoup plus restreint que l'autre et désigne une portion de la *gens,* qui contenait plusieurs familles. A un autre point de vue, *stirps* indique extraction, et *genus* la classe d'où il est issu.

la bienveillance, et il ne faut pas faire du mal à ses amis par excès d'affection.

71. Ut igitur ii, qui sunt in amicitiæ conjunctionisque necessitudine[1] superiores, exæquare se cum inferioribus debent, sic inferiores non dolere[2] se a suis aut ingenio aut fortuna aut dignitate superari ; quorum plerique aut queruntur semper aliquid[3] aut etiam exprobrant, eoque magis, si[4] habere se putant quod officiose et amice et cum labore aliquo[5] suo factum queant dicere : odiosum sane genus hominum officia exprobrantium, quæ meminisse debet is, in quem collata sunt, non commemorare qui contulit[6].

72. Quamobrem, ut ii, qui superiores sunt, submittere se debent in amicitia, sic quodam modo inferiores extollere[7]. Sunt enim quidam, qui molestas amicitias

1. *In necessitudine.* Dans la liaison, ils sont les supérieurs : *necessitudo*, les liens étroits de la parenté ou de l'amitié, sens qui s'explique si *necesse* a, comme on l'avance, le même radical que *nectere*, attacher, lier. *Conjunctionis* ne désigne pas d'autres relations que *amicitiæ*, comme par exemple la parenté : mais il forme avec ce substantif un ἓ διὰ δυοῖν, signifiant une amitié étroite.

2. *Dolere*, éprouver un sentiment désagréable, qui est ici celui de l'envie, « avoir de la peine à supporter ». Voir plus haut, XIII, 47, *dolere rebus injustis*, dans le même sens, mais en bonne part.

3. *Queruntur aliquid*, sont toujours mécontents, littéralement : se plaignent en quelque chose, et non pas de quelque chose, *de aliqua re*. Aristote (*Éthique d Nicomaque*, IX, 1), dit de ces amis chagrins : « Ils ne s'aiment pas pour eux-mêmes : ils n'aiment en eux que des avantages qui ne sont pas durables. »

4. *Eoque magis si.* Ils sont encore plus disposés aux plaintes et aux reproches, s'ils pensent, etc. *Eo magis* s'explique par la proposition suivante *si habere*, etc.

5. *Cum labore aliquo.* Ces trois conditions sont résumées par le seul mot *officia* qui va suivre. *Officiose et amice*, pour obliger et par affection.

6. *Qui contulit.* Celui qui a rendu le service ; *is in quem*, etc., celui qui l'a reçu. *Commemorare*, dans son sens primitif, faire souvenir, être pour un autre la cause de *meminisse*.

7. *Extollere.* Sens ambigu : en construisant *debent extollere inferiores*, on entend que c'est au plus grand à élever, comme il peut, *quodam modo*, le plus humble. — En

faciunt, quum ipsi se contemni putant; quod non fere contingit[1] nisi iis, qui etiam contemnendos[2] se arbitrantur, qui hac opinione non modo verbis, sed etiam opere levandi[3] sunt.

73. Tantum autem cuique tribuendum, primum, quantum ipse efficere possis, deinde etiam, quantum ille, quem diligas atque adjuves, sustinere[4]; non enim neque[5] tu possis, quamvis excellas, omnes tuos ad honores amplissimos[6] perducere, ut Scipio P. Rupilium potuit consulem efficere, fratrem ejus Lucium[7] non potuit. Quod si etiam possis quidvis deferre[8] ad alterum, videndum est tamen quid ille possit sustinere.

74. Omnino amicitiæ corroboratis jam confirmatisque

construisant : *inferiores debent* se *extollere*, on arrive à cette pensée : les plus grands doivent s'abaisser, les plus petits s'élever. Cette dernière interprétation suppose l'ellipse un peu forte de *se*, et ne s'accorde peut-être pas aussi bien avec la suite, *qui hâc opinione levandi sunt*.

1. *Non fere contingit*, cela n'arrive guère; sens ordinaire de *fere* avec une négation. *Contingit* est employé dans le même sens chap. II, 8.

2. *Etiam contemnendos :* ils se jugent aussi dignes d'être méprisés; non-seulement ils se croient méprisés; mais encore, *etiam*, ils se jugent méprisables. Pline le jeune exprime une pensée analogue : « An contemnitur.... nisi qui se primus ipse contemnit. » *Lettres*, VIII, 24.

3. *Opere levandi..* Levare équivaut ici à *liberare; opere* est opposé à *verbis*, comme l'acte à la parole.

4. *Sustinere.* Ces règles de la bienfaisance ont été exposées plus longuement dans le *De officiis*, I, 14, 42.

5. *Non enim neque*, etc. Aux deux règles qu'on vient d'établir correspondent deux preuves; toutes deux devaient avoir la forme négative et commencer par *neque;* mais la seconde a pris une autre allure : *quod si etiam possis*, etc.

6. *Amplissimos.* Les honneurs du plus haut degré sont le consulat et le grand pontificat, du moins parmi les charges ordinaires.

7. *Lucium*, le frère de Rupilius dont on a parlé déjà XI, 37. Il échoua dans sa candidature au consulat, et son frère en mourut de chagrin.

8. *Quidvis deferre.* Il s'agit non pas de n'importe quelle faveur, mais de magistratures et d'honneurs, comme l'indique le verbe *deferre*.

et ingeniis et ætatibus¹ judicandæ sunt², nec, si qui ineunte ætate³ venandi aut pilæ⁴ studiosi .fuerunt, eos
habere necessarios⁵, quos tum eodem studio præditos
dilexerunt. Isto enim modo nutrices et pædagogi jure
vetustatis⁶ plurimum benevolentiæ postulabunt: qui ne-
gligendi quidem non sunt, sed⁷ alio quodam modo
æstimandi⁸. Aliter⁹ amicitiæ stabiles permanere non possunt; dispares enim mores disparia studia sequuntur¹⁰,
quorum dissimilitudo dissociat amicitias, nec ob aliam
causam ullam boni improbis, improbi bonis amici esse

1. *Ingeniis et ætatibus*, le caractère et l'âge : il faut un certain âge
pour que le caractère soit formé.

2. *Judicandæ sunt*, il faut les
apprécier, en juger la valeur. Les
ablatifs qui précèdent sont pris dans
le sens absolu (Voir xv, 65), et équivalent à *quum ingenia corrobo-
rantur*, etc. Quant au précepte, Lélius ne l'observe pas pour son
compte : car il avoue plus tard,
ch. xxvii, avoir de jeunes amis.

3. *Ineunte ætate*, dans leur première jeunesse. Voir la même expression, x, 33.

4. *Venandi aut pilæ*, association du génitif et du gérondif déjà
remarquée xvii, 61. *Pila*, une balle
à jouer, sous toutes les formes, soit
le ballon, *follis*, ou la grosse balle,
harpastum ou deux autres de plus
en plus dures et plus petites, *pa-
ganica* et *trigon*, toutes très-
employées dans des jeux divers
pouvant servir d'exercice.

5. *Habere necessarios*, les traiter comme des amis intimes. Le
mot *necessarii* a une très-grande
extension : il s'applique aux parents, aux amis, aux collègues, aux
clients, etc. Voir plus haut *necessitudo*, xx, 71. L'infinitif *habere*

est amené par l'idée d'obligation
enfermée dans *judicandæ sunt* :
quelques éditeurs écrivent *habere
debent*, trouvant sans doute l'ana-
coluthe extraordinaire.

6. *Jure vetustatis*, par le droit
d'une ancienne amitié. Sur ce sens
de *vetustas*, voir plus haut xix, 68.
Aristote recherchant ce qu'on doit
à ses maîtres, *pædagogi*, conclut :
« Il faut les aimer comme les dieux
et les parents. » *Morale à Nicomaque*, ix, 1.

7. *Quidem.... sed*. Voir vii, 27.

8. *Æstimandi*. Ce mot est écrit
par conjecture ; les manuscrits portent simplement *est* qui ne prête
à aucune explication ; *æstimare*.
apprécier ; *alio modo*, avec une
autre mesure. On a déjà remarqué
que *quidam* avec *alius* forme un
idiotisme.

9. *Aliter*, autrement, dans le
sens de *alioquin*, c'est-à-dire, si
les caractères ne sont pas formés.

10. *Sequuntur*. Le sujet est-il
mores ou *studia?* Les deux constructions peuvent se défendre ;
mais les présomptions sont en faveur de la première. Peut-être
vaut-il mieux encore écrire : *dispares enim mores, disparia* etc.

non possunt nisi quod tanta est inter eos, quanta maxima potest esse, morum studiorumque distantia[1].

75. Recte etiam præcipi potest in amicitiis, ne intemperata quædam benevolentia, quod persæpe fit, impediat magnas utilitates amicorum; nec enim, ut ad fabulas redeam, Trojam Neoptolemus capere potuisset, si Lycomedem[2], apud quem erat educatus, multis cum lacrimis iter suum impedientem[3] audire voluisset. Et sæpe incidunt magnæ res[4], ut discedendum sit[5] ab amicis: quas qui impedire vult, quod desiderium non facile ferat[6], is et infirmus est mollisque natura et ob eam ipsam causam in amicitia parum justus.

76. Atque in omni re considerandum est, et quid postules ab amico et quid patiare a te impetrari[7].

XXI. Il faut parfois se résigner à rompre avec ses amis; soit parce qu'ils sont vicieux, soit parce que leur caractère a changé, ou enfin parce qu'il survient des dissensions politiques. Ces ruptures doivent se faire, à moins de torts insupportables, avec ménagement, et de manière à ne pas susciter ou éprouver des

« Viennent ensuite des différences de caractères, des différences de goûts, etc. »

1. *Distantia*, n'est employé que cette seule fois par Cicéron; et, après lui, seulement par les écrivains postérieurs au siècle d'Auguste.

2. *Lycomedem*. Lycomède, roi de l'île de Scyros chez qui se cacha Achille déguisé en femme. Les faits indiqués par Cicéron à propos de Pyrrhus ou Néoptolème ne s'accordent guère avec les traditions connues : il a sans doute en vue quelque tragédie ancienne, peut-être, comme on l'a conjecturé, les Σκύριοι, pièce perdue de Sophocle.

3. *Impedientem*, s'efforçant d'empêcher. *Cum lacrimis*, en même temps qu'il pleurait.

4. *Magnæ res*, de grandes entreprises, comme l'indique *quas qui impediunt*.

5. *Ut discedendum sit*. Il faut se séparer de ses amis, c'est-à-dire s'en aller loin d'eux; mais non pas à se brouiller avec eux.

6. *Quod.... ferat*, sous prétexte qu'il ne peut supporter le regret causé par leur absence.

7. *Atque in omni re... impetrari*. Ces deux lignes sont le résumé et forment la conclusion de cette partie de la discussion.

inimitiésacharnées. Pour prévenir ces ennuis, il faut être prudent dans le choix de ses amis, et ne pas donner son affection à la légère.

Est etiam quædam calamitas in amicitiis dimittendis [1] nonnunquam necessaria [2] — jam enim a sapientium familiaritatibus ad vulgares amicitias [3] oratio nostra delabitur — Erumpunt sæpe vitia amicorum tum in ipsos amicos, tum in alienos, quorum tamen ad amicos redundet infamia [4] : tales igitur amicitiæ sunt remissione usus eluendæ [5] et, ut Catonem dicere audivi, dissuendæ magis quam discindendæ, nisi quædam admodum intolerabilis injuria exarserit, ut neque rectum neque honestum [6] sit nec fieri possit [7] ut non statim alienatio disjunctioque [8] facienda sit [9].

1. *In amicitiis dimittendis*, quand il faut renoncer à ses amitiés.

2. *Necessaria*, ce malheur ne doit pas être évité.

3. *Vulgares amicitias.* Ces derniers chapitres devraient traiter en effet de l'amitié vulgaire, πολυφιλία. C'est une sorte de chute, *delabitur*, et l'on descend de l'idéal au réel, ou, si l'on veut, des *optimates* à la plèbe. Mais Cicéron ne s'est pas astreint à ce sujet.

4. *Redundet infamia.* Des vices cachés éclatent, *erumpunt*, et, même quand ils ne nuisent qu'à des étrangers, les amis des coupables en subissent le déshonneur. *Redundare* avec *ad* n'est pas sans exemple chez Cicéron, qui emploie aussi *in* ou le datif.

5. *Eluendæ. Eluere* se dit d'une tache qu'on fait disparaître en la lavant : et ici, par extension, d'un mal dont on se débarrasse.

6 *Rectum neque honestum*, contraire au droit et à l'honneur;

ni bon, ni honorable. L'opposé de *rectum* est *pravum*, et celui de *honestum* est *turpe.*

7. *Nec fieri possit.* Il n'est ni bon ni honorable, donc il est impossible, de ne pas rompre, etc. Le sens ne serait pas tout à fait le même si l'auteur avait écrit comme précédemment *neque* et non pas *nec.* L'impossibilité est une conséquence.

8. *Alienatio*, marque la perte de l'affection; *disjunctio* la rupture de la liaison.

9. *Facienda sit.* Aristote examine aussi quels devoirs il y a à observer dans la rupture des amitiés. « Des gens qui ne s'étaient aimés que par intérêt ou par plaisir, dit-il, peuvent se quitter quand ils n'ont plus rien à se donner...; mais si l'on s'est lié avec un homme que l'on croyait honnête et qui devient vicieux?... on peut s'en séparer, quand on a tout fait pour le corriger.... Si l'on

77. Sin autem aut morum aut studiorum commutatio quædam, ut fieri solet, facta erit aut in rei publicæ partibus dissensio[1] intercesserit — loquor enim jam, ut paulo ante dixi, non de sapientium[2], sed de communibus amicitiis —, cavendum erit ne non solum amicitiæ depositæ, sed etiam inimicitiæ susce   æ[3] videantur; nihil enim est turpius quam cum eo bellum gerere, quocum familiariter vixeris. Ab amicitia Q. Pompeii[4] meo nomine[5] se removerat, ut scitis, Scipio; propter dissensionem autem, quæ erat in re publica, alienatus est a collega nostro Metello[6]. Utrumque egit graviter, auctoritate[7] et offensione animi non acerba.

78. Quamobrem primum[8] danda opera est ne qua amicorum discidia fiant; sin tale aliquid evenerit, ut ex-

---

devient moralement très-supérieur à son ami, on ne doit pas pour cela cesser de l'aimer. Dans tous les cas il faut accorder quelque chose aux jours passés qui ont été témoins d'une longue liaison, à moins que la rupture ne vienne d'un excès de perversité intolérable, *nisi quædam.... injuria exarserit.* » *Morale à Nicomaque*, IX, 3, *passim.*

1. *Dissensio*, une dissension survenue dans les partis politiques ou bien un dissentiment à propos des partis. Ce dernier sens est plus satisfaisant, mais il faut quelque subtilité pour l'extraire du texte. *In* signifie parfois à propos de (XI, 39), mais il paraît avoir ici son sens ordinaire, comme un peu plus loin : *dissensionem quæ erat in republica.*

2. *Non de sapientium.* Cicéron n'admet pas que des sages puissent se diviser en ce cas : il n'y a sans doute jamais pour eux qu'un parti, celui des *optimates.*

3. *Susceptæ,* marque une sorte de décision volontaire : ce sont des inimitiés que l'on ne décline pas, que l'on accueille, que l'on assume.

4. *Q. Pompei,* aïeul de celui qu'on a nommé plus haut, I, 2, consul en 141 av. J.-C.

5. *Meo nomine,* à cause de moi; ce Pompée avait promis à Scipion de travailler à l'élection de Lélius et se fit élire à sa place.

6. *Metello,* Métellus le Macédonique, consul en 143 av. J.-C. Bien qu'appartenant au parti des *optimates,* il était à la tête de la fraction du sénat qui était hostile à Scipion. Il était augure, comme Scipion et Lélius, *collega nostro.*

7. *Auctoritate.* On peut à peine donner un sens plausible à cet ablatif. Les anciennes éditions portent en son lieu : *ac temperate,* leçon que les manuscrits n'autorisent pas.

8. *Primum,* principalement, avant tout.

stinctæ[1] potius amicitiæ, quam oppressæ videantur. Cavendum vero ne etiam in graves inimicitias convertant se amicitiæ, ex quibus jurgia, maledicta, contumeliæ[2] gignuntur; quæ tamen si tolerabiles erunt, ferendæ sunt et hic honos veteri amicitiæ tribuendus, ut is in culpa sit, qui faciat, non is, qui patiatur injuriam.

Omnino omnium horum vitiorum atque incommodorum una[3] cautio est atque una provisio[4], ut ne nimis cito diligere incipiant neve non dignos.

79. Digni autem sunt amicitia, quibus in ipsis inest causa cur diligantur. Rarum genus! et quidem omnia præclara rara[5], nec quidquam difficilius quam reperire quod sit omni ex parte in suo genere perfectum. Sed plerique neque in rebus humanis quidquam bonum norunt nisi quod fructuosum sit, et amicos tanquam pecudes eos potissimum diligunt, ex quibus sperant se maximum fructum esse capturos[6].

80. Ita pulcherrima illa et maxime naturali carent amicitia per se et propter se[7] expetita, nec ipsi sibi exemplo sunt, hæc vis amicitiæ et qualis et quanta sit[8];

1. *Exstinctæ*, éteintes, et non pas étouffées, *oppressæ*. Cicéron a marqué ailleurs la valeur des deux verbes : « aquæ multitudine flamma *opprimitur*.... sua sponte, nulla adhibita vi, consumptus ignis *extinguitur*. » *Cato major*, XIX, 71.

2. *Jurgia... contumeliæ. Jurgia*, querelles, disputes; *maledicta*, toute parole malveillante, depuis la simple médisance jusqu'à l'outrage; *contumeliæ*, des actes insultants.

3. *Omnino.... una*, il n'y a qu'un seul moyen, il y en a un en tout.

4. *Cautio atque.... provisio*, moyen de se préserver et de prévenir le mal.

5. *Præclara rara*. Ces désinences identiques sont des sortes d'allitérations qui paraissent plaire aux Latins, comme celles qu'on a déjà signalées, et qui prennent en ce cas le nom d'*homæoteleuton*.

6. *Esse capturos*. Cette façon trop positive d'entendre l'amitié a été critiquée par Cicéron dans le *De Finibus*, I et II.

7. *Per se*, par elle-même, par nature, en vertu de sa propre nature; *propter se*, pour elle-même, sans autre but, sans calcul.

8. *Et quanta sit*. Le sens de cette phrase, souvent mal comprise, paraît fixé par les mots suivants :

ipso enim se quisque diligit, non ut aliquam a se ipse mercedem exigat caritatis suæ, sed quod per se quisque sibi carus est ; quod nisi idem in amicitiam transferetur[1], verus amicus nunquam reperietur ; est enim is, qui est tanquam alter idem[2].

81. Quod si hoc apparet in bestiis, volucribus, nantibus, agrestibus, cicuribus, feris, primum ut se ipsæ diligant — id enim pariter cum omni animante nascitur —, deinde ut requirant atque appetant[3], ad quas se applicent[4], ejusdem generis animantes, idque faciunt[5] cum desiderio et cum quadam similitudine[6] amoris humani : quanto id magis in homine fit natura, qui et se ipse diligit et alterum anquirit[7], cujus animum ita cum suo misceat, ut efficiat pæne unum ex duobus[8].

ipse enim, etc., ils ne se servent pas d'exemples à eux-mêmes pour se faire une idée de la nature et de la force de l'amitié : car puisqu'ils s'aiment comme tous les hommes le font, ils devraient bien voir dans leur cœur que cet amour est naturel et spontané ; ils ne savent donc pas trouver en eux-mêmes l'exemple qui y est, *nec ipsi sibi exemplo sunt*.

1. *Idem.... transferetur.* Le même sentiment doit être transporté dans l'amitié : il faut aimer son ami comme on s'aime soi-même, naturellement et sans calcul. Cicéron a déjà établi le désintéressement de l'amitié, IX, 30. Aristote traite le même sujet dans l'*Éthique à Nicomaque*, IX, 4. « L'affection qui est le fond de l'amitié, dit-il, semble tirer son origine de l'amour qu'on a pour soi-même ; » — il développe cette pensée avec une profondeur où Cicéron n'atteint pas.

2. *Alter idem.* Un autre lui même, un *alter ego*. Pythagore passe pour avoir prononcé le premier cette parole : elle se trouve chez Aristote : ἕτερος ἐγώ. Voir plus haut, VIII, 23.

3. *Requirant atque appetant.* L'ordre des deux verbes est le contraire de celui des deux idées : le désir ou l'appétit d'un côté, et de l'autre la recherche : l'inclination et le mouvement.

4. *Se applicent.* Voir IX, 32 ; XIV, 48.

5. *Idque faciunt*, sous-ent. *si*.

6. *Quadam similitudine.* Réserve très-sage : c'est une sorte de ressemblance très-superficielle et qu'il ne faut pas exagérer.

7. *Anquirit*, il recherche avec réflexion, avec choix : Cicéron a dit des animaux, *requirant*.

8. *Unum ex duobus.* Toute cette partie du chapitre n'est guère qu'une redite. Voir VIII, 27 et 28.

XXII. Il y a des amis qui réclament plus qu'ils ne donnent eux-mêmes. Ce qu'il faut exiger avant tout, c'est l'honnêteté, et des deux côtés. Par là seront évitées la plupart des occasions de brouille. Les deux amis se respecteront, et leur liaison sera comme une association pour s'aider à la vertu et au bonheur. Il importe de juger avant d'aimer.

82. Sed plerique perverse, ne dicam impudenter [1], habere talem amicum volunt, quales ipsi esse non possunt, quæque ipsi non tribuunt amicis, hæc ab iis desiderant. Par est autem primum ipsum esse virum bonum, tum alterum similem sui [2] quærere. In talibus [3] ea, quam jamdudum tractamus, stabilitas amicitiæ confirmari potest, quum homines benevolentia conjuncti primum cupiditatibus iis [4], quibus ceteri serviunt, imperabunt, deinde æquitate justitiaque gaudebunt, omniaque alter pro altero suscipiet neque quidquam unquam nisi honestum et rectum alter ab altero postulabit, neque solum colent inter se ac diligent [5], sed etiam verebuntur [6] : nam

1. *Perverse.... impudenter.* Le premier adverbe marque une erreur de jugement, le second un manque d'honnêteté, ou tout au moins de délicatesse.

2. *Similem sui. Similis* est ici une sorte de substantif; le génitif est donc indiqué; mais d'ailleurs il est presque toujours employé avant le siècle d'Auguste, quand il s'agit de ressemblance entre les personnes. Le datif domine plus tard.

3. *In talibus.* Cicéron se jette encore dans une digression : il avait promis de traiter des amitiés vulgaires : il revient à son premier sujet, l'amitié parfaite.

4. *Cupiditatibus iis*, les désirs, surtout ceux de l'argent et des honneurs. Ils en seront exempts, non pas en tant qu'amis, mais en tant qu'hommes de bien.

5. *Ac diligent*, et ils s'aimeront réciproquement; *inter se* s'applique aux trois verbes *colent, diligent* et *verebuntur*, et leur donne à tous le sens réfléchi, en y ajoutant l'idée de réciprocité.

6. *Verebuntur*, ils se respecteront. Le grand moraliste Kant a fortement marqué que le respect mutuel est une des conditions de l'amitié, qui consiste, dit-il, dans l'union intime de l'affection et du respect. Cette union est difficile, et Kant prononce ce mot qu'il prête faussement à Aristote : « Mes bons amis, il n'y a pas d'amis. »

maximum ornamentum amicitiæ tollit, qui ex ea tollit verecundiam[1].

83. Itaque in iis perniciosus est error, qui existimant libidinum peccatorumque omnium patere in amicitia licentiam : virtutum amicitia adjutrix a natura data est, non vitiorum comes, ut, quoniam solitaria non posset virtus ad ea, quæ summa sunt[2], pervenire, conjuncta et consociata cum altera perveniret; quæ si quos inter societas aut est aut fuit aut futura est, eorum est habendus ad summum naturæ bonum optimus beatissimusque comitatus[3].

84. Hæc est, inquam, societas, in qua omnia insunt quæ putant homines expetenda, honestas, gloria, tranquillitas animi atque jucunditas[4], ut et quum hæc adsint beata vita sit et sine his esse non possit[5]. Quod[6] quum optimum maximumque sit, si id volumus adipisci, virtuti opera danda est, sine qua nec amicitiam neque ullam rem expetendam consequi possumus; ea vero neglecta qui se amicos habere arbitrantur, tum se denique errasse sentiunt, quum eos gravis aliquis casus experiri[7] cogit.

1. *Verecundiam.* Respect et par suite crainte de laisser voir un défaut de retenue, réserve dans le langage et dans les actes.

2. *Quæ summa sunt.* Quel est ce sommet où la vertu solitaire, réduite à ses seules forces, ne peut parvenir? Il faut sans doute l'entendre du souverain bien, c'est-à-dire du bonheur parfait, comme l'indiquent les mots qui suivent, *summum naturæ bonum.*

3. *Comitatus,* action de voyager de concert, de s'associer pour une route, image qui est amenée par l'idée de *pervenire.*

4. *Honestas,* la considération; *jucunditas,* la joie.

5. *Ut.... non possit.* Voilà donc les conditions du bonheur : celles que Cicéron déclare à la fois suffisantes, *quum hæc adsint,* et nécessaires, *et sine his esse non possit.* Il y aurait au moins des réserves à faire pour la gloire, mais ce sont là des mots jetés en passant, et qui n'ont pas la rigueur d'une définition.

6. *Quod* rappelle un peu vaguement l'idée de *beata vita* et de tout ce qui assure le bonheur, auquel Cicéron ne craint pas d'attacher les attributs d'*optimum, maximum,* réservés à la divinité.

7. *Experiri,* faire l'expérience, en venir à l'expérience. *Eos* n'est pas le complément de ce verbe.

85. Quocirca — dicendum est enim sæpius —, quum judicaris, diligere oportet, non, quum dilexeris, judicare[1]. Sed quum multis in rebus negligentia plectimur[2], tum maxime in amicis et diligendis et colendis; præposteris enim utimur consiliis et acta agimus[3], quod vetamur vetere proverbio. Nam implicati[4] ultro et citro vel usu diuturno vel etiam officiis repente in medio cursu amicitias exorta aliqua offensione dirumpimus.

XXIII. La négligence en une affaire si importante est blâmable; car l'amitié est nécessaire à tout le monde et appréciée par des hommes de toute condition et de tout caractère. Le misanthrope lui-même a besoin d'un ami pour épancher sa bile l'homme comblé de tous les biens n'en peut jouir s'il est privé du plaisir de voir ses semblables, et celui-là même qui serait ravi au ciel et admis à pénétrer tous les secrets de l'univers les admirerait sans joie, s'il devait les admirer seul.

86. Quo etiam magis vituperanda est rei maxime necessariæ tanta incuria; una est enim amicitia in rebus humanis, de cujus utilitate omnes uno ore consentiunt.

1. *Judicare*. Le précepte est de Théophraste, et Plutarque (*de l'amour fraternel*) nous en a conservé le texte: οὐ φιλοῦντα δεῖ κρίνειν, ἀλλὰ κρίναντα φιλεῖν. Sénèque parle de même et d'après le même auteur (lettre III, 2). Il est donc probable que Cicéron a lu le περὶ φιλίας de Théophraste.

2. *Plectimur*, nous sommes frappés (πλήσσεσθαι), c'est-à-dire, nous sommes punis. Ce dernier sens ne se trouve guère dans la latinité classique qu'avec le passif. *Negligentia*, ablatif de cause ou de manière : à cause de notre négligence.

3. *Acta agimus*, formule proverbiale, sans doute empruntée à la langue du droit : « Quod semel judicatum est, dit Donat, frustra agimus. » C'est donc plaider après le jugement, revenir sur un fait accompli, parce qu'on a fait après des réflexions qu'on aurait dû faire avant, *præposteris utimur consiliis.*

4. *Implicati*. Il s'agit ici non pas d'un embarras, mais d'un engagement; *ultro et citro*, de part et d'autre, c'est-à-dire réciproquement : mutuellement engagés, attachés l'un à l'autre.

Quanquam[1] a multis virtus ipsa contemnitur et venditatio quædam atque ostentatio[2] esse dicitur; multi divitias despiciunt, quos parvo contentos tenuis victus cultusque[3] delectat; honores vero, quorum cupiditate quidam inflammantur, quam multi ita contemnunt, ut nihil inanius, nihil esse levius existiment; itemque cetera, quæ quibusdam admirabilia videntur, permulti sunt qui pro nihilo putent: de amicitia omnes ad unum idem sentiunt, et ii, qui ad rem publicam se contulerunt, et ii, qui rerum cognitione doctrinaque[4] delectantur, et ii, qui suum negotium gerunt otiosi[5], postremo ii, qui se totos tradiderunt voluptatibus, sine amicitia vitam esse nullam[6], si modo velint aliqua ex parte[7] liberaliter[8] vivere.

87. Serpit enim nescio quo modo per omnium vitas amicitia nec ullam ætatis degendæ rationem patitur esse expertem sui; quin etiam si quis asperitate ea est et immanitate naturæ, congressus ut hominum fugiat atque oderit[9], qualem fuisse Athenis Timonem[10] nescio quem

1. *Quanquam.* Ce *quanquam* est suspect, et ne peut guère s'expliquer : il n'y a pas à en tenir compte.

2. *Venditatio atque ostentatio.* Les deux termes sont synonymes, comme parade et ostentation en français.

3. *Victus cultusque*, une table modeste, un petit train de maison. Voir XIV, 49, *vestitu cultuque*.

4. *Cognitione doctrinaque.* L'application de l'intelligence, et le savoir qui en résulte. *Doctrina*, c'est la science considérée comme un état de l'esprit; aussi ne faut-il pas y joindre *rerum*.

5. *Otiosi*, sans s'occuper des affaires publiques. Remarquez le rapprochement de *neg-otium* et d'*otiosi*.

6. *Vitam esse nullam.* Construisez : *sentiunt idem* (scilicet)

vitam esse nullam, etc. Comparez *vita non vitalis*, VI, 22.

7. *Aliqua ex parte*, tant soit peu. Voir ci-dessus *omni ex parte*, tout à fait, XXI, 79. Quant à l'emploi de *aliquis* avec *si*, il est tellement fréquent dans cet ouvrage qu'il n'y a pas lieu de le relever.

8. *Liberaliter*, avec quelque dignité.

9. *Fugiat atque oderit.* La haine vient évidemment avant la fuite. Ce n'est pas par inadvertance que Cicéron a mis *fugiat* avant *oderit* : c'est un procédé qu'il emploie souvent Voir plus haut XXI, 81 : *requirant atque appetant.* Le second verbe explique le premier.

10. *Timonem.* Ce personnage à demi historique est resté le type de

accepimus, tamen is pati non possit, ut non anquirat
aliquem, apud quem evomat virus [1] acerbitatis suæ. Atque
hoc maxime judicaretur [2], si quid tale posset contingere,
ut aliquis nos deus ex hac hominum frequentia tolleret
et in solitudine uspiam collocaret atque ibi suppeditans
omnium rerum, quas natura desiderat, abundantiam
et copiam [3], hominis omnino [4] adspiciendi potestatem
eriperet : quis tam esset ferreus qui eam vitam ferre
posset cuique non auferret [5] fructum [6] voluptatum omnium
solitudo.

88. Verum ergo illud est, quod a Tarentino Archyta [7],
ut opinor, dici solitum nostros senes commemorare audivi ab aliis senibus auditum : si quis in cælum adscen-
disset naturamque mundi et pulchritudinem siderum
perspexisset, insuavem illam admirationem ei fore, quæ
jucundissima fuisset, si aliquem cui narraret habuisset [8].

---

ia misanthropie : il vivait du temps
d'Alcibiade. *Nescio quem*, dit Cicéron, pour marquer qu'il ne le connaît guère ou qu'il le dédaigne.

1. *Evomat virus*. Ces expressions outrées, qui en français pré-
senteraient une image repoussante,
ne choquaient peut-être pas le goût
des Latins. Cicéron les a encore
employées dans le *pro Milone*, 29,
et dans les *Catilinaires* on en
trouve de plus crues.

2. *Atque hoc.... judicaretur.*
Hoc ne se rapporte à aucun mot exprimé ; il résume l'idée qui se dégage
de la phrase précédente. *Judicare
aliquid* est une locution insolite.

3. *Abundantiam et copiam*,
des biens abondants et le pouvoir
d'en user sans réserve.

4. *Omnino* doit se joindre à *adspiciendi*, le pouvoir de le voir si
peu que ce soit, ne fût-ce que de le

voir. *Omnino* signifie parfois « en
tout, seulement ». Voir plus bas,
XXV, 93, et plus haut : *una omnino*, une en tout, XXI, 78.

5. *Ferreus.... ferre, auferret,*
sortes d'allitérations déjà signalées
chap. I, 5 ; etc. ; on en trouve un
exemple encore plus complet dans le
Cato major, II, 38 : « sensim sine
sensu ætas senescit. »

6. *Fructum*, la jouissance (*frui*),
le sentiment de la possession.

7. *Archyta.* Il vivait encore vers
360 av. J.-C. Il n'en est pas moins
difficile que Lélius ait pu recueillir
des paroles que les vieillards de son
temps auraient entendues de la
bouche de témoins auriculaires.
Entre Archytas et Lélius il y a au
moins cent soixante ans.

8. *Habuisset.* Sentiment d'une
rare délicatesse qui rappelle ce mot
de La Fontaine :

Sic natura solitarium nihil amat semperque ad aliquod tanquam adminiculum adnititur, quod in amicissime quoque dulcissimum est[1].

XXIV. Nous devons nous attacher à écarter les soupçons, les mécontentements. Toutefois, il faut savoir dire la vérité et l'entendre. L'indulgence extrême n'est que de la flatterie; elle est funeste à celui qui en est l'objet : mieux vaudrait une inimitié déclarée. Bien des gens se fâchent des réprimandes, et non pas des fautes qui les leur ont méritées.

Sed quum tot signis eadem natura declaret quid velit, anquirat, desideret[2], tamen obsurdescimus nescio quo modo nec ea, quæ ab ea monemur, audimus. Est enim varius et multiplex usus amicitiæ multæque causæ suspicionum offensionumque[3] dantur, quas tum evitare, tum elevare, tum ferre sapientis est : una illa subeunda est offensio[4], ut et utilitas in amicitia et fides retineatur[5]; nam et monendi amici sæpe sunt et objurgandi, et hæc accipienda amice, quum benevole fiunt.

J'aime les jardins, mais je voudrais
[parmi
Un doux et discret ami.

1. Sic.... dulcissimum est. — *Natura*, la nature humaine, comme ci-dessous *eadem natura*. L'horreur de la solitude est en effet tout instinctive. *Semperque* équivaut à *ed semper. Adminiculum*, un appui pour la main (*manus*).

2. Velit, anquirat; desideret. Accumulation qui n'a d'autre but que de marquer combien les exigences de la nature sont impérieuses. Cicéron ne s'est pas soucié d'observer l'ordre d'une gradation.

3. Suspicionum offensionumque. Soupçons et mécontentements

qu'on éprouve, et non pas qu'on fait éprouver aux autres. On a fréquemment des motifs de soupçonner et d'être mécontent. *Multæque*, et par suite beaucoup, etc.

4. Subeunda est offensio. Il y a un mécontentement qu'il faut savoir supporter, auquel on doit s'exposer; c'est-à-dire qu'il y a un cas où il ne faut pas craindre de choquer ses amis (*offensio* désigne le sentiment de la personne offensée). Ce cas est indiqué ensuite : *Nam et monendi*, etc. : c'est quand il faut avertir ou gourmander.

5. Ut et utilitas.... retineatur : ut a le sens de « afin que » et ne doit pas se construire avec *illa*. Il y a quelque

89. Sed nescio quo modo verum est, quod in Andria familiaris meus[1] dicit,

Obsequium amicos, veritas[2] odium parit.

Molesta[3] veritas, si quidem ex ea nascitur odium, quod est venenum amicitiæ; sed obsequium multo molestius, quod peccatis indulgens præcipitem amicum ferri sinit; maxima autem culpa in eo, qui et veritatem aspernatur et in fraudem obsequio impellitur[4]. Omni igitur hac in re[5] habenda ratio et diligentia[6] est, primum ut monitio[7] acerbitate, deinde ut objurgatio contumelia careat; in obsequio autem, quoniam Terentiano verbo[8] libenter utimur, comitas adsit; assentatio, vitiorum adjutrix, procul amoveatur, quæ non modo amico, sed ne libero quidem

embarras dans ce passage, qui devient plus suspect quand, au lieu de *subeunda*, on écrit *sublevanda*, leçon des manuscrits, maintenue dans le sens de *ferenda* par des éditeurs de grande autorité.

1. *Familiaris meus.* Térence était l'hôte et l'ami de Lélius. « Ses comédies, dit ailleurs Cicéron, sont écrites en un style si élégant, qu'on en attribue la composition à Lélius. » Le vers qui suit est tiré de l'*Andria*, I, 1, 41.

2. *Obsequium.... veritas.* Des paroles complaisantes, des avis sincères. *Veritas* exprime ici plutôt un sentiment, la sincérité, qu'une chose, la vérité.

3 *Molesta.* Funeste, et non pas, désagréable ou importune.

4. *In fraudem... impellitur.* *Fraus* signifie ici plutôt dommage ou préjudice qu'illusion. *Obsequio* ne marque pas, comme plus haut, la complaisance que l'on a, mais celle

dont on est l'objet, la complaisance des autres. « Le plus coupable, dit Cicéron, c'est celui qui n'aime pas la vérité (qu'on lui dise la vérité), et qui se laisse conduire à sa perte par des complaisants. »

5. *Omni hac in re*, c'est-à-dire toutes les fois qu'il s'agit de *monere* et d'*objurgare*.

6. *Ratio et diligentia.* L'expression *habere rationem*, si fréquente, dissimule cette autre *habere diligentiam*, qui est insolite. Du reste, les deux substantifs forment un ἓν διὰ δυοῖν, équivalant à *diligenter habenda ratio* : il faut mettre toute son attention.

7. *Monitio* ne se trouve que cette fois chez Cicéron.

8. *Terentiano verbo.* Cicéron ne veut pas dire, sans doute, comme Quintilien le suppose, que Térence a inventé le mot, qui se trouve déjà chez Plaute; mais qu'il en a peut-être élargi le sens.

digna est ; aliter enim cum tyranno, aliter cum amico vivitur[1].

90. Cujus autem aures clausæ veritati sunt, ut ab amico verum audire nequeat, hujus salus desperanda est[2]; scitum est enim illud Catonis, ut multa, melius de quibusdam acerbos inimicos mereri quam eos amicos qui dulces videantur[3] : illos verum sæpe dicere, hos nunquam. Atque illud absurdum[4], quod ii, qui monentur, eam molestiam, quam debent capere, non capiunt, eam capiunt, qua debent vacare ; peccasse enim se non anguntur, objurgari moleste ferunt : quod contra[5] oportebat, delicto dolere, correctione gaudere.

XXV. Le flatteur n'est pas un ami, et il n'y a pas d'union possible avec une âme aussi mobile. L'adulation, peu dangereuse quand elle est grossière, devient à craindre quand elle provient d'un homme considérable. Le peuple ne s'y laisse pas toujours prendre, et parfois il a donné tort à ses courtisans.

91. Ut igitur et monere et moneri proprium est veræ amicitiæ et alterum libere facere, non aspere, alterum patienter accipere, non repugnanter[6], sic habendum est[7]

---

1. *Aliter.... vivitur.* On ne traite pas son ami comme un tyran ; l'*assentatio* n'est bonne que pour le tyran.

2. *Salus desperanda est.* Il faut désespérer de le sauver.

3. *Qui dulces videantur.* Mieux vaut un sage ennemi. Plutarque a écrit un traité sur le profit qu'on peut retirer de ses ennemis.

4. *Illud absurdum.* Voir plus haut, XIV, 49.

5. *Quod contra.* Construisez : *Contra quod :* contrairement à cela,

et peut-être : au lieu de cela. La même forme se retrouve dans le *Cato major*, XXIII, 84.

6. *Non repugnanter.* Ces adverbes ne s'opposent pas deux à deux comme des contraires : la rudesse, *aspere,* est l'excès de la franchise, *libere ;* la mauvaise humeur, au contraire, *repugnanter,* est un défaut de patience, *patienter.*

7. *Sic habendum est.* Il faut tenir pour certain ; *sic* ne doit pas se séparer de *habendum* (voir II, 10) ; *ut* n'a pas d'antécédent exprimé.

nullam in amicitiis pestem esse majorem quam adulationem, blanditiam, assentationem [1]; quamvis enim multis [2]
nominibus est hoc vitium notandum [3] levium hominum
atque fallacium, ad voluntatem loquentium omnia, nihil
ad veritatem [4].

92. Quum autem omnium rerum simulatio [5] vitiosa est
— tollit enim judicium veri [6] idque [7] adulterat —, tum
amicitiæ repugnat maxime : delet enim veritatem, sine
qua nomen amicitiæ valere non potest [8]. Nam quum amicitiæ vis sit in eo, ut unus quasi animus fiat ex pluri-

---

1. *Adulationem, blanditiam, assentationem.* Ces substantifs accumulés (*coacervatio*) ne sont pas
rangés suivant la loi d'une gradation
dans le sens. *Adulatio*, flatterie la
plus vile, dernier degré de la bassesse; *blanditia*, attentions, paroles
mielleuses, peut se prendre même
en bonne part; *assentatio*, mode
particulier de flatterie, approbation,
sincère ou non, mais absolue. Ces
répétitions constituent un procédé
de style, familier à Cicéron, et dont
on a relevé déjà plusieurs exemples
(xiv, 59 ; xxiv, 89). Au lieu de dire :
« la flatterie sous toutes ses formes, » il énonce pêle-mêle les noms
des principales espèces de flatterie,
les divers genres de platitude.

2. *Quamvis multis*, aussi nom-
breux que possible; il n'y a pas assez de mots pour désigner ou flétrir,
notandum, ce vice.

3. *Notandum.* Est-ce flétrir ou
désigner? Il s'agit d'un vice, et Cicéron le flétrit; mais on ne voit pas
en quoi la répétition des noms con-
tribuerait à le rendre plus odieux.
Elle peut, en revanche, le faire mieux
reconnaitre. *Notare* est employé
dans le même sens, *de Finibus*, III,

4, 14: *pluribus notatum vocabulis*,
sans aucune idée de flétrissure, mais
pour rendre l'idée plus claire : *Erit
enim notius.*

4. *Ad veritatem.* C'est la définition de l'*obsequium* dont on a parlé
dans le chapitre précédent. Au lieu
de *ad voluntatem*, on a lu parfois
ad voluptatem, qui donne ici à peu
près le même sens : parler au gré
de quelqu'un, ou parler pour lui
faire plaisir.

5. *Omnium rerum simulatio.*
Tous les genres d'hypocrisie; littéralement, l'action de simuler, de
feindre toutes les choses, tous les
sentiments.

6. *Judicium veri.* Elle rend impossible (pour les autres) le discer-
nement de la vérité, qu'elle altère.

7. *Id* représente *verum*, et non pas
judicium, puisque le jugement
n'est pas altéré; il est supprimé,
tollit.

8. *Valere non potest.* Le nom de
l'amitié n'a plus de sens; il a perdu
sa force qui, pour un mot, est
sa signification. Cicéron, *De Officiis*, III, 9, 39, a dit dans le même
sens : Hoc verbum *quid valeat*
non vident.

bus [1], qui id fieri poterit, si no in uno quidem quoquo unus animus erit idemque semper, sed varius, commutabilis, multiplex [2] ?

93. Quid enim potest esse tam flexibile, tam devium quam animus ejus, qui ad alterius non modo sensum ac voluntatem, sed etiam vultum atque nutum convertitur?

Negat quis, nego ; ait, aio ; postremo imperavi egomet mihi Omnia adsentari [3],

ut ait idem Terentius, sed ille in Gnathonis persona, quod amici genus [4] adhibere omnino levitatis est.

94. Multi autem Gnathonum similes quum sint loco, fortuna, fama superiores [5], horum est assentatio molesta, quum ad vanitatem [6] accessit auctoritas.

95. Secerni autem blandus amicus a vero [7] et internosci tam potest adhibita diligentia quam omnia fucata et simulata a sinceris atque veris. Concio [8], quæ ex imperi-

1. *Ex pluribus.* Voir plus haut, *pæne unum ex duobus*, XXI, 81.
2. *Multiplex.* Ce sont les défauts du flatteur; son âme n'est pas une, en a pour ainsi dire plusieurs, *multiplex;* elle n'est pas toujours la même, *idem;* mais elle varie et se change en une autre, *varius, commutabilis,* et un peu plus loin, *convertitur.*
3. *Omnia assentari.* Être en tout de l'avis de tout le monde. Le verbe est neutre, *omnia* est un hellénisme équivalant à *in omnibus.*
4. *Quod genus.* Cette espèce d'amis, c'est-à-dire des parasites éhontés, comme Gnathon.
5. *Superiores* est l'attribut; le sujet est *similes.* Voici l'ordre des idées : Des flatteurs du genre de

Gnathon ne sont pas bien dangereux; mais il y en a qui lo valent pas mieux, *similes,* et qu ne sont pas de misérables parasites, mais des hommes distingués par la naissance, *loco,* la fortune ou l réputa tion. Ceux-là sont de dangereux courtisans, *molesta assentatio.*
6. *Vanitatem* s'applique au langage : paroles vides, mensongères.
7. *Secerni a vero.* Cette distinction n'est pas toujours facile, et Plutarque a écrit sur la matière un traité : *Des moyens de distinguer l'ami du flatteur.*
8. *Concio,* plus régulièremen. *contio,* orthographe qui se justifie, parce que c'est celle des meilleurs manuscrits et qu'elle est conforme à l'étymologie du substantif, forme abrégée de *conventio.*

tissimis constat, tamen judicare solet, quid intersit inter popularem, id est assentatorem et levem civem, et inter constantem et severum et gravem.

96. Quibus blanditiis C. Papirius[1] nuper influebat in aures concionis, quum ferret legem de tribunis plebis reficiendis[2]! Dissuasimus nos; sed nihil de me, de Scipione dicam libentius : quanta illa, dii immortales, fuit gravitas, quanta in oratione majestas, ut facile ducem populi Romani, non comitem diceres. Sed adfuistis et est in manibus oratio. Itaque lex popularis suffragiis populi repudiata est. Atque, ut ad me redeam, meministis, Q. Maximo fratre Scipionis et L. Mancino consulibus[3], quam popularis lex de sacerdotiis C. Licinii Crassi videbatur! cooptatio enim collegiorum ad populi beneficium transferebatur; atque is primus instituit in forum versus agere cum populo[4]. Tamen illius vendibilem orationem religio deorum immortalium nobis defendentibus facile vincebat. Atque id actum est prætore me, quinquennio ante quam consul sum factus : ita re magis[5] quam summa auctoritate causa illa defensa est.

1. *C. Papirius Carbon*, dont cn a déjà parlé, XI, 39.

2. *Reficiendis.* Cette loi déclarait les tribuns du peuple indéfiniment rééligibles. *Ferre legem* ne veut pas dire « porter une loi », dans le sens de légiférer, mais « présenter une loi ».

3. *Q. Maximo.. L. Mancino consulibus.* En l'an 143 av. J.-C. C'est sous leur consulat que le tribun Crassus proposa d'enlever aux magistrats de l'ordre religieux, qui formaient des corps ayant le privilége de se compléter eux-mêmes, le

droit de faire ces élections complémentaires, *cooptatio*, et de le transférer au peuple.

4. *Agere cum populo*, faire des propositions au peuple, et non pas seulement lui parler. Avant Crassus, les orateurs se tournaient vers la curie Hostilia, palais du Sénat, et non pas vers les comices. Plutarque attribue cette innovation à C. Gracchus. Voir plus haut, I, 3.

5. *Re magis*, etc. Il était simple préteur; son succès ne pouvait être attribué au prestige de la magistrature suprême.

XXVI. Sans doute la flatterie nuit seulement à ceux qui sont infatués d'eux-mêmes, et qui ne tiennent qu'à avoir les apparences de la vertu ; mais il y a un art de flatter qui peut surprendre des caractères mieux faits, s'insinuer en se dissimulant, et même se déguiser sous les dehors de la contradiction.

97. Quod si in scena [1], id est in concione, in qua rebus fictis et adumbratis [2] loci plurimum est, tamen verum valet [3], si modo id patefactum et illustratum est, quid in amicitia fieri oportet, quæ tota veritate perpenditur [4]? In qua nisi, ut dicitur, apertum pectus videas tuumque ostendas, nihil fidum, nihil exploratum habeas, ne amare quidem aut amari, quum id quam vere fiat ignores. Quanquam ista assentatio, quamvis perniciosa sit, nocere tamen nemini potest nisi ei, qui eam recipit [5] atque ea delectatur. Ita fit ut is assentatoribus patefaciat aures suas maxime, qui ipse sibi assentetur et se maxime ipse delectet.

98. Omnino est amans sui virtus ; optime enim se ipsa novit quamque amabilis sit intelligit : ego autem non de virtute nunc loquor, sed de virtutis opinione [6]. Virtute

---

1. *In scenâ.* Cicéron entend toujours parler des assemblées populaires ; il les compare à des représentations théâtrales ; il a dit ailleurs : *Scena orationis. De Oratore,* II, 85, 338.

2. *Rebus fictis et adumbratis.* Des fictions, de vagues représentations, expressions qui sont appelées par le mot *scena. Adumbratis* donne l'idée d'une imitation par le dessin, et en même temps d'une image à peine esquissée, qui n'a pas de consistance, qui est comme l'ombre de l'objet imité.

3. *Verum valet.* On voit ici la conclusion du développement qui a commencé, ch. XXV, 95 : *Concio.... tamen judicare solet,* etc.

4. *Perpenditur.* L'amitié se pèse avec la vérité, c'est-à-dire que son poids, sa valeur s'estiment par sa sincérité. *Tota,* l'amitié tout entière, tout ce qu'il y a dans l'amitié.

5. *Recipit.* Celui qui y donne accès.

6. *Virtutis opinione.* Il y a de l'embarras dans la suite de ces idées et quelque obscurité dans les termes. *Virtutis opinio* peut se traduire très-légitimement de deux

enim ipsa non tam multi præditi esse quam videri volunt:
hos delectat assentatio, his fictus ad ipsorum voluntatem
sermo quum adhibetur, orationem illam vanam testimonium esse laudum suarum putant. Nulla est igitur hæc
amicitia, quum alter verum audire non vult, alter ad
mentiendum paratus est. Nec parasitorum in comœdiis
assentatio faceta nobis videretur, nisi essent milites gloriosi[1].

> Magnas vero agere[2] gratias Thais mihi?

Satis erat respondere « magnas » : « ingentes » inquit. Semper auget assentator id, quod is, cujus ad voluntatem
dicitur, vult esse magnum.

99. Quamobrem, quanquam blanda ista vanitas[3] apud
eos valet, qui ipsi illam allectant et invitant[4], tamen
etiam graviores constantioresque admonendi sunt, ut
animadvertant ne callida assentatione capiantur. Aperte
enim adulantem nemo non videt, nisi qui admodum est
excors[5] : callidus ille et occultus ne se insinuet studiose

---

façons, l'opinion que l'on a soi-même
de sa vertu, ou l'opinion que les
autres s'en font. Voir plus haut,
XI, 37. « Je ne parle pas de la vertu
qu'on a, dit Cicéron, mais de celle
qu'on s'imagine avoir, « ou bien » de
celle qu'on est censé avoir. » Ce dernier sens parait indiqué par l'ordre
des pensées, et surtout par les deux
phrases suivantes.

1. *Nisi essent milites gloriosi*,
'il n'y avait pas des soldats fanfarons, l'un des types de la comédie
ancienne, et ordinairement les dupes
des parasites. Tel est Thraso, dans
l'*Eunuque* de Térence. C'est ce personnage qui prononce le premier
vers et Gnathon, déjà cité, qui lui
répond.(III 1 1)

2. *Agere*, infinitif en guise d'interrogation : Est-il vrai que Thaïs me
remercie?

3. *Blanda vanitas*, mensonge
flatteur.

4. *Allectant et invitant*. Le premier mot est plus engageant que le
second; et il arrive souvent à Cicéron de commencer par l'idée la plus
forte : il dit, par exemple, *terror et
metus, torquere et flectere, trahere et ducere*. Toutefois il y a
peut-être dans *invitare* une provocation moins déguisée que dans *allicere* : c'est presque une demande
formelle.

5. *Excors*, sans esprit, opposé à
cordatus. Cor signifie « l'intelligence » comme « le cœur ».

cavendum est. Nec enim facillime agnoscitur, quippe qui etiam adversando sæpe assentetur et litigare se simulans blandiatur atque ad extremum det manus vincique se patiatur, ut is, qui illusus sit, plus vidisse videatur[1]. Quid autem turpius quam illudi? Quod ut ne accidat magis cavendum est:

> Ut me hodie ante omnes comicos stultos senes
> Versaris atque illusseris lautissime[2].

10). Hæc enim etiam in fabulis stultissima persona est improvidorum et credulorum senum. Sed nescio quo pacto ab amicitiis perfectorum hominum, id est sapientium — de hac dico sapientia, quæ videtur in hominem cadere posse —, ad leves amicitias defluxit oratio[3]. Quamobrem ad illa prima[4] redeamus eaque ipsa concludamus aliquando.

---

1. *Nec enim.... videatur.* Il ne s'agit pas de ceux qui déguisent leur flatterie sous la forme de reproches, mais de ceux qui feignent de contredire et se font battre dans la discussion : *det manus*, signe par lequel dans un combat on s'avoue vaincu. *Plus vidisse* équivaut à *plus sapere*, et indique la supériorité de l'intelligence ; *videatur* pour *sibi videatur :* il se *croit* supérieur. Le sens de *paraître* peut se soutenir. Voir plus haut, IX, 29.

2. *Ut me.... lautissime.* Il y a lieu de croire que ce fragment est tiré d'une pièce de Cæcilius Statius, et peut-être de l'*Epiclerus*, l'Héri-tier, comédie imitée de Ménandre. Voir le *Cato major*, XI, 36. — Joignez *me ante. Comicos*, vieillards de comédie; *illusseris :* *s* se redoublait avant le temps de Cicéron après une syllabe longue ; comparez *caussæ* pour *causæ*.

3. *Defluxit oratio.* Cicéron avait annoncé très-formellement qu'il allait descendre aux amitiés vulgaires. Voir XXI, 76. On pourrait néanmoins avec raison lui reprocher de n'en avoir guère parlé dans ces six chapitres.

4. *Illa prima*, mon premier sujet, c'est-à-dire l'amitié parfaite, χρησιοφιλία.

XXVII. Conclusion : La vertu fait naître l'amitié et la fait durer ;
l'intérêt est un de ses effets, et non pas son but. Elle est pourtant
un plaisir et même la seule joie de notre vie. Elle survit à la
mort : l'affection que Lélius avait pour Scipion n'est pas morte
avec son objet.

Virtus, virtus, inquam, C. Fanni, et tu, Q. Muci,
et conciliat amicitias et conservat[1] ; in ea est enim
convenientia rerum[2], in ea stabilitas, in ea constantia ;
quæ quum se extulit et ostendit suum lumen et idem
adspexit agnovitque in alio, ad id se admovet vicissimque
accipit illud, quod in altero est, ex quo exardescit sive
amor sive amicitia. Utrumque enim dictum est ab
amando ; amare autem nihil est aliud nisi eum ipsum diligere quem ames[3], nulla indigentia, nulla utilitate quæ-
sita ; quæ tamen ipsa efflorescit ex amicitia, etiam si tu
eam minus secutus sis[4].

101. Hac nos adolescentes benevolentia senes illos
L. Paulum, M. Catonem, C. Gallum, P. Nasicam, Ti. Gracchum, Scipionis nostri socerum, dileximus[5] ; hæc etiam

1. *Conservat.* Voir plus haut,
vi, 20.

2. *Convenientia rerum,* expression plus brève de l'une des conditions de l'amitié, « summa rerum divinarum humanarumque consensio »,
indiquée au chapitre vi. Ce chapitre
n'est qu'un résumé.

3. *Diligere quem ames.* Le premier de ces verbes implique
comme on l'a vu, viii, 26, un choix,
une préférence raisonnée : on dit
à peu près dans le même sens, *distinguer* une personne. C'est le sentiment qui précède l'affection : « mihi nunc denique amare videor, dit
ailleurs Cicéron, antea dilexisse »

(*Lettres familières* 14, 5). Il y a
cependant dans *diligere* plus qu'un
simple jugement de l'esprit, une estime affectueuse : c'est ce qui le distingue de *deligere* :« deligere oportet
quem velis diligere. » (Cicéron, *ad
Herennium,* iv, 21).

4. *Quæ tamen.... secutus sis
ipsa,* d'elle-même, sans être cher-
chée. *Minus* équivaut à *non.*

5. *Dileximus.* On a déjà parlé
des trois premiers personnages. Le
quatrième est Cornélius Scipion
Nasica, le père du meurtrier de T.
Gracchus. Le cinquième est le père
des deux Gracchus, dont Cicéron,
si sévère pour ses fils, a dit : « Tam

magis elucet inter æquales, ut inter me et Scipionem, L. Furium, P. Rupilium, Sp. Mummium : vicissim autem senes in adolescentium caritate acquiescimus, ut in vestra, ut in Q. Tuberonis; equidem etiam admodum adolescentis [1] P. Rutilii, A. Verginii [2] familiaritate delector. Quoniamque ita ratio comparata est vitæ naturæque nostræ [3] ut alia *ex alia* [4] ætas oriatur, maxime quidem optandum est ut cum æqualibus possis, quibuscum tanquam e carceribus emissus sis, cum isdem ad calcem [5], ut dicitur, pervenire.

102. Sed quoniam res humanæ fragiles caducæque sunt, semper aliqui anquirendi sunt quos diligamus et a quibus diligamur; caritate enim benevolentiaque [6] sublata, omnis est e vita sublata jucunditas. Mihi quidem Scipio, quanquam est subito ereptus, vivit tamen semperque vivet; virtutem enim amavi illius viri, quæ exstincta non est. Nec mihi soli versatur ante oculos, qui illam semper in manibus habui [7], sed etiam posteris erit

diu laudabitur dum memoria rerum romanarum manebit. *(De Officiis II, 12, 43.)*

1. *Adolescentis.* Lélius a déclaré plus haut que l'amitié exige la maturité de l'âge; mais l'*adolescentia* se prolonge jusqu'à trente ans et plus.

2. *P. Rutilii, A. Verginii.* P. Rutilius avait servi sous Scipion au siége de Numance; il resta son ami, le compagnon de ses études, et supporta plus tard avec constance l'injustice du peuple et l'exil. — A. Verginius n'est connu que par d'insignifiantes mentions.

3. *Vitæ naturæque nostræ,* notre vie telle que la nature l'a faite, les conditions naturelles de la vie.

4. *Ex alia* n'est qu'une conjecture, il est difficile de ne pas l'admettre.

5. *E carceribus.... ad calcem.* Les deux extrémités du stade, le point de départ, *carceres,* où l'on retenait les chevaux jusqu'au signal; et le point d'arrivée, *calx,* marqué par une ligne ou une corde.

6. *Caritate.... benevolentiaque. Caritas* exprime plus proprement l'état de celui qui est aimé, il correspond à *diligamur; benevolentia,* au contraire, c'est le sentiment que nous éprouvons, *diligamus.* Mais il n'est pas sûr que Cicéron ait employé ces deux mots, qu'il répète souvent, avec une intention si précise.

7. *In manibus habui,* je l'ai tenue dans les mains, c'est-à-dire,

clara et insignis : nemo unquam animo aut spe[1] majora
suscipiet qui sibi non illius memoriam atque imaginem
proponendam putet.

103. Equidem ex omnibus rebus, quas mihi aut fortuna
aut natura tribuit, nihil habeo quod cum amicitia Scipionis possim comparare : in hac mihi de re publica
consensus, in hac rerum privatarum consilium, in eadem
requies plena oblectationis fuit. Nunquam illum ne mi-
nima quidem re offendi, quod quidem senserim, nihil
audivi ex eo ipse quod nollem; una domus erat, idem
victus[2] isque communis, neque solum militia, sed etiam
peregrinationes rusticationesque communes.

104. Nam quid ego de studiis dicam cognoscendi semper aliquid atque discendi[3], in quibus remoti ab oculis
populi omne otiosum tempus contrivimus? Quarum rerum recordatio et memoria[4] si una cum illo occidisset,
desiderium conjunctissimi atque amantissimi viri ferre

---

j'ai pu l'apprécier de près, par expérience. *Habere in manibus* a
d'autres sens qui ne paraissent pas
convenir à ce passage.

1. *Animo aut spe.* Les deux
idées restent distinctes, comme *entreprendre* et *espérer*.

2. *Idem victus.* La nourriture
était la même, et *communis* indique qu'ils la prenaient à la même
table.

3. *Cognoscendi atque discendi*,
chercher la vérité ou l'apprendre des
autres. *Studiis* est, comme toujours,
difficile à traduire : il implique à
la fois le désir, l'ardeur au travail
et le travail lui-même, comme l'indique *in quibus*.

4. *Recordatio et memoria.* On
pourrait croire que le premier de
ces substantifs exprime une opéra-

tion où le sentiment intervient,
comme on dit *la mémoire du cœur*,
et le second un acte purement intel-
lectuel. Mais ce sens étymologique
se confirmerait difficilement par des
exemples. Dans l'usage les deux
mots ne paraissent pas différer. Cicéron a dit une fois (*de Oratore*, I,
2, 4) : *memoriæ recordatio*, l'action
de rappeler le souvenir. *Recordatio*,
implique en effet plus d'action, plus
d'effort, plus de durée, c'est se rappeler; *memoria*, c'est se souvenir.
On peut dire aussi que l'un est
l'acte et l'autre son effet. Mais toutes
ces distinctions doivent, pour ainsi
dire, varier avec chaque exemple.
On sait que Cicéron redouble constamment l'expression, même pour
exprimer une seule chose, ἓν διὰ
δυοῖν.

nullo modo possem; sed nec illa[1] exstincta sunt alunturque potius et augentur cogitatione et memoria mea, et, si illis plane orbatus essem, magnum tamen afferret mihi ætas ipsa solatium; diutius[2] enim jam in hoc desiderio esse non possum; omnia[3] autem brevia tolerabilia esse debent, etiam si magna sunt.

Hæc habui[4] de amicitia quæ dicerem : vos autem hortor ut ita virtutem locetis, sine qua amicitia esse non potest, ut ea excepta nihil amicitia præstabilius putetis.

1. *Illa,* ce ne sont pas seulement *les faits, quarum rerum,* mais encore le souvenir que j'en ai gardé, comme l'indiquent les deux verbes.

2. *Diutius,* bien longtemps.

3. *Omnia* ne signifie pas toutes choses, en général, mais seulement toutes les douleurs, comme l'indique le qualificatif *magna.*

4. *Hæc habui,* etc. C'est aussi la conclusion du *Cato major;* c'est en même temps la répétition du programme que Lélius s'était tracé, V, 17.

FIN.

PARIS. — IMPRIMERIE A. LAHURE
9, rue de Fleurus, 9

www.ingramcontent.com/pod-product-compliance
Lightning Source LLC
Chambersburg PA
CBHW060834250626
47162CB00005B/2059